땅에서 온 기본소득,
토지배당

땅에서 온 기본소득, 토지배당

초판 1쇄 발행	2023년 12월 28일
지은이	남기업, 이진수, 채은동
펴낸곳	이상북스
펴낸이	김영미
출판등록	제313-2009-7호(2009년 1월 13일)
주소	10546 경기도 고양시 덕양구 향기로 30, 106-1004
전화번호	02-6082-2562
팩스	02-3144-2562
이메일	klaff@hanmail.net

ISBN 978-89-980260-8-8 (03300)

남기업
이진수
채은동

땅
에서

온

기본
소득

토지배당

4차 산업혁명 시대의
분배정의론

이상
북스

머리말

어느 나라 어느 사회 어느 때나 토지는 늘 중요했습니다. 인간은 땅을 떠나서 살 수 없는 존재이기 때문이죠. 과거 농경사회는 약간의 예외적 기간을 제외하고는 땅을 독차지한 소수의 지주와 그 지주의 땅을 부쳐 먹고 살아야 하는 다수의 소작농으로 구성되어 있었습니다. 소작농이 아무리 뼈 빠지게 일해도 겨우 먹고 살았던 이유, 그들이 지주에게 정신적으로 예속 상태에 놓여 있었던 이유가 실은 땅의 문제였다는 걸 당시 사람들도 모두 알고 있었죠. 하지만 오늘날엔 땅의 문제, 즉 토지문제를 간파하기란 쉽지 않습니다.

건물주가 아니라 지주地主

무엇보다 용어의 문제가 가장 큽니다. 오늘날에는 '토지'가 '부동산'이라는 말로 대체되어버렸습니다. 대학에 '토지학과'는 없어도 '부동산학과'는 있어요. 주택도 상가도 토지도 모두 부동산이라고 부릅니다. 건물주가 되고 싶다는 말은 있어도 땅 주인이 되고 싶다는 말은 여간해서 듣기 힘듭니다. 용어가 이렇다 보니, 비싼 고층 아파트와 빌딩을 올려다보면서 건물에 압도되다 보니, 건물 평당 얼마로 아파트가 거래되다 보니 건물 아래 있는 땅의 중요성을 잊어버리게 된 것이죠.

그러나 토지와 건물 – 정확히 말하면 토지개량물 – 의 합으로 정의되는 '부동산'에서 문제를 일으키는 건, 그리고 중요한 건 건물이 아니라 토지입니다. 생각해보세요. 안전에 대한 염려라면 모를까 시간이 지나면 낡아지는 건물에서 무슨 문제가 일어나겠습니까. 부동산 문제는 토지문제로 불러야 마땅합니다. 그러므로 이 책에서 때에 따라서 '부동산'이라고 표현하는 건 모두 '토지'로 읽어도 무방합니다.

'부동산'을 '토지'로 읽으면 비로소 토지의 중요성이 눈에 들어옵니다. '건물주'의 문제가 '지주'의 문제로 보이고, 주택문제의 뿌리도 해결책도 토지에서 찾게 됩니다. 각종 사회문제의 원인의 원인을 찾아 들어가면 그 한가운데 토지문제가 똬리를 틀고 있다는 걸 알게 됩니다. 그런데 토지문제를 거론하면 우리나라의 분단 상황 때문인지 거의 자동으로 사회주의 혹은 공산주의를 떠올리는 사람이 많습니다. 일반 재화와 뚜렷하게 구분되는 토지의 특수성과 중요성을 근거로 공적公的 개념을 적용하자는 뜻을 지닌 '토지

공개념'이 좌파로 매도되기도 하죠.

하지만 역설적이게도 토지문제는 자본주의 사회보다 사회주의 계획경제에서 훨씬 더 심각했습니다. 모두가 알고 있듯이 토지와 자연자원은 노동이, 즉 사람이 생산한 것이 아닙니다. 그래서 사회주의 경제 이론은 토지와 자연자원이 가치를 가지지 않는다고 간주했죠. 오직 살아 있는 노동만이 가치를 생산한다는 노동가치론이 경제 이론의 알파와 오메가였기 때문입니다. 이런 이론적 배경으로 인해 사회주의는 인간의 노동과 무관하게 존재하는 토지와 자연자원에 가치를 부여하지 않았고 투자를 결정할 때 비용에 넣지도 않았습니다.

자본주의보다 훨씬 심각했던 사회주의 토지문제

그러면 어떻게 될까요? 토지와 자연자원은 낭비될 수밖에 없습니다. 좋은 토지를 사용하고 자연자원을 다량 투입한 걸 비용으로 간주하지 않으면 투자의 성과는 매우 크게 나타나죠. 투입비용 대비 생산량이 성과인데, 투입된 토지와 자연자원을 비용에 넣지 않으면 당연히 성과는 엄청나겠죠. 이런 까닭에 구소련과 북한 등 사회주의 국가들의 초기 공업화 성과가 두드러져 보였던 것입니다. 다른 각도에서 보면 공업화 초기 단계에서 보여준 사회주의

국가들의 놀라운 성취는 토지와 자연자원을 엄청나게 낭비한 결과라고 해야 합니다. 그런데 자본생산성과 노동생산성은 올라가지 않았습니다. 더 좋은 기계를 만들 유인, 개별 노동자가 기술을 연마해서 소비자가 원하는 더 좋은 상품을 생산할 유인이 작동하지 않았기 때문이에요. 그러니 국민의 생활 수준이 개선될 수 없었지요. 그러다가 저렴하게 접근할 수 있는 토지와 자연자원이 부족해지자 개발하지 말아야 할 토지와 자연자원까지 무분별하게 개발함으로써 환경문제까지 일으키게 되었습니다.[1] 어떻습니까? 사회주의 방식은 우리가 가야 할 방향이 아니라는 것이 분명합니다.

자본주의에서 나타나는 토지의 문제는 우리가 잘 알고 있습니다. 사회주의와 달리 토지와 자연자원을 비용으로 간주하기 때문에 효율적 배분은 어느 정도 가능합니다. 땅을 잘 활용해서 더 많은 이익을 얻을 가능성이 있는 자가 토지를 소유하는 경향이 있기 때문이죠. 그러나 자본주의 시장경제에서는 토지와 자연자원에서 발생하는 엄청난 불로소득을 '사유재산권 보호'라는 미명 하에 개인이 누릴 수 있도록 하는 까닭에 상시적인 투기 문제가 발생합니다. 그래서 토지 불로소득 중 하나인 엄청난 시세차익이 기대되면 위치가 좋은 금싸라기 땅을 사용하지 않고 놀리거나 제대로 이용하지 않는 경우가 상당하고 어떤 땅은 과잉 개발하기도 합니다. 게다가 1980년대 이후에는 금융과 결합하면서 그 문제가 훨씬 복잡해졌고 경제 전체에 미치는 악영향은 더 커졌습니다. 대표적인 예가 2008년 전 세계를 공포로 몰아넣었던 미국의 금융위기죠. 부동산이 복잡한 금융시장과 결합해 있었기 때문에 '유동성 위기'니 뭐니 하여 금융위기로 부르지만, 근본 원인은 토지 투기로 인한 부동산 가격의 거품 생성과 붕괴에 있었습니다.[2]

이렇듯 토지를 비용에 넣지 않는 사회주의 계획경제의 토지 배분은 철저히 실패했고 자본주의 시장경제에서 토지는 불평등과 투기, 경제위기의 진원지가 되었습니다. 토지 투기라는 경제행위는 토지라는 한정된 자원의 효율적 배분을 해칩니다. 토지를 잘 사용할 수 있는 자가 토지를 소유하기 어렵게 만들고 비효율적으로 사용하는 자가 소유하게 합니다. 게다가 금융권의 자금이 생산적인 곳으로 흘러 들어가는 것도 방해합니다. 지금의 자본주의 토지제도는 시장 원리에 맞지 않습니다!

한편 중국과 홍콩은 토지를 공공이 소유하고 사용권만 민간에게 배분하는 방식, 즉 기존 사회주의와 달리 사용자에게 토지 사용료를 징수하여 토지 사용을 비용으로 간주하도록 하는 새로운 길을 모색했지만, 여기에도 문제가 많이 나타났습니다. 홍콩은 전 세계에서 집값이 가장 비싼 나라가 되었고 중국도 부동산 투기로 인한 거품 생성과 붕괴로 현재 골머리를 앓고 있죠. 자본주의에서 나타나는 부동산 문제가 그대로 재현되고 있는 것입니다.

토지배당제, 우리가 가야 할 오솔길

그렇다면 어디로 가야 할까요? 여기서 잊지 말아야 할 것은 이 문제를 간과하거나 어쩔 수 없다고 외면하면 안 된다는 점입니다. 지금의 토지문제를 그냥 두면 사회 전체의 지속가능성을 위협하는 불평등을 막을 수 없고, 비효율을 넘어 환경문제와 기후 위기의 해법을 찾을 수 없게 됩니다.

여기서 우리는 대안의 하나로 '토지배당제'를 내놓습니다. 이 것은 토지(부동산)로 인한 불평등을 해소하고 자연환경을 보호하며 제대로 된 시장경제에 가깝게 갈 수 있는, 그러면서 AI 시대에 가장 어울리는 대안입니다. 사회주의 문제와 자본주의의 한계를 동시에 극복한 '오솔길'입니다. 이 책을 읽고 나면 자연스럽게 동의하게 될 것입니다. 게다가 이 책 12장에서 자세히 설명하는 것처럼, 우리나라 90% 이상의 국민, 즉 집도 땅도 없는 국민뿐만 아니라 집만 있거나 아니면 집과 어느 정도의 땅을 보유한 가구까지도 실질적 혜택을 입게 됩니다.

토지배당제의 선구적 주창자는 18세기 유럽과 미국에서 활동한 사회 사상가 토머스 페인Thomas Paine, 1737-1809입니다. 1796년에 《토지정의》*Agrarian Justice*라는 팸플릿 형태의 소책자를 발간했는데, 거기서 그는 토지 소유자들에게 보유세를 부과해 21세가 되는 청년에게는 일시적인 목돈 형태로, 노인과 장애인에게는 정기적인 연금 형태로 지급하자고 제안합니다. 이 지점에서 페인은 토지배당제가 시혜가 아니라 신으로부터 부여받은 권리에 대한 보상이라는 점을 힘주어 강조하죠. 이런 흐름은 19세기 후반 현대 토지공개념의 원류原流인 미국의 헨리 조지Henry George, 1839-1897에게로 이어집니다. 헨리 조지는 토지가치 전부를 조세로 환수해 정부 재정의 최우선 수입으로 사용하자고 주장하면서, 국민 전체에게 직접 배당하는 가능성도 열어두었습니다.[3]

토지배당제가 우리 사회에 실제 도입되고 국민적 동의를 얻어 배당액이 계속 증가하면 어떻게 될까요? 이에 대해서 헨리 조지를 존경하고 따랐던 러시아의 대문호 톨스토이Lev Nikolayevich Tolstoy, 1829-1910의 말에 귀 기울일 필요가 있습니다. 그는 자신의 대표 소설《부활》의 주인공 네홀류도프을 통해 헨리 조지의 사상과 대안을 소개할 정도로 그의 사상을 따르는 사람이었습니다.[4] 러시아 황제에게 헨리 조지의 대안을 실행하도록 촉구하는 편지를 보내기도 했죠. 그런 그가 토지배당제를 완전히 실현한 상태를 다음과 같이 말했습니다.

> 이 혁명(토지가치 공유-필자 추가)에 비하면 프랑스의 구체제를 무너뜨린 혁명이나 미국 남부의 노예제도를 타파한 혁명은 아무것도 아니다.[5]

왜 이런 주장을 했을까요? 토지배당제를 통해 토지에 대한 평등한 권리를 모두가 완전히 누리게 되면 불평등이 현저하게 줄어들고, 모든 사람이 실질적 자유를 누리게 되며, 각자가 가진 재능을 꽃피울 수 있는 사회가 되기 때문입니다. 미국의 노예해방이나 프랑스혁명이 경제 불평등 문제를 해결하는 데 무력했다는 걸 떠올리면 금방 이해할 수 있습니다.

한국 사회를 뜨겁게 달구는 책이 되길

토지배당제의 선구자 토머스 페인은 또 《상식》*Common Sense*이라는 책을 1776년 1월에 발간합니다. 영국의 식민지 상태에 있었던 미국에서 발간된 이 책은 "그해 내내 《상식》과 독립에 대한 이야기 외에 아무것도 들리지 않았다"는 말이 나올 정도로 출간되자마자 아메리카 대륙을 뜨겁게 달구었고, 그런 분위기는 미국 독립에 대한 반대와 우려의 목소리를 잠재우는 데 결정적 공헌을 했다고 합니다.[6] 영국에서 독립하기 1년 전인 1775년만 해도 미국인들은 독립에 상당히 회의적이었는데, 페인이 쓴 《상식》이 분위기를 반전시켰다고 해요. 마찬가지로 우리는 이 책이 '토지문제는 해법도 없고 해결할 수도 없다'며 망연자실한 한국 사회에 새로운 변화의 바람을 일으키는 도구가 되기를 희망합니다.

이런 내용과 소망을 담은 이 책은 1장에서 AI 시대에도 토지가 왜 중요한지를, 2장에서는 토지배당제를 구상한 배경을 이야기합니다. 3장에서는 토지배당제의 설계 도면을 공개한 다음 4장에서 각 가정에 배달된 배당 고지서를 뜯어보고 그것의 효과를 다양한 방식으로 보여줍니다. 나에게 날아올 고지서가 궁금한 독자라면 바로 4장 1절로 넘어가도 됩니다. 그리고 〈부록〉에서는 이 책에서 말한 토지배당제의 과세 체계를 공개하고, 아울러 토지배당제를 아우르는 '새로운 분배정의론'도 제시합니다. 〈부록〉은 궁금한 독자만 보셔도 상관없습니다.

모든 이론과 대안에는 연원이 있기 마련이죠. 토지배당제도 마찬가지입니다. 토지배당제의 최초 제안자는 앞서 말했듯이 토머스 페인이지만, 한국 사회에서 토지배당제를 정책으로 맨처음 널리 알리고 공약으로 제시한 정치인은 현 더불어민주당 이재명 대표입니다. 이재명 대표는 2016-2017년 더불어민주당 대통령 후보 경선에서 '국토보유세'란 이름으로 토지배당제를 공약으로 발표했습니다.[7] 말 그대로 국토는 국민 모두의 것이므로 보유세를 거둬서 국민 모두에게 똑같이 배당하자는 내용의 공약이었습니다. 국토보유세는 내용과 철학이 토지배당제와 동일합니다. 선거 직후 일군의 학자들은 연구를 통해[8] 이 제도를 논리적으로 더 다듬고 보완하여 완성도를 높였습니다. 한편 2021년 11월 16일에 기본소득당 대표 용혜인 의원은 토지배당제와 같은 취지의 "토지세 및 토지배당에 관한 법률안"이라는 이름으로 국회에 입법발의까지 했고 현재도 기본소득당의 중요한 정책 대안으로 제시되어 있습니다. 그리고 이 토지배당제는 이전보다 진일보한 형태로 2022년 3월에 있었던 20대 대통령선거에서 더불어민주당 이재명 후보의 중요한 공약 중 하나가 되었고,[9] 현재 더불어민주당 기본사회위원회 '기본소득'과 '기본주거' 분과의 핵심 정책에 포함되어 있습니다.

이 책의 집필자는 토지+자유연구소의 남기업 소장과 이진수 연구위원, 그리고 민주연구원의 채은동 연구위원 이렇게 세 명입니다. 우리는 각자 맡은 부분을 쓰고 상호 검토하면서 수정·보완했지만, 철학과 방법론에서 서로 일치하기 때문에 책의 전체 내용이 분절적이거나 나열적이지 않고 체계적이고 입체적입니다. 그리고 토지+자유연구소 이태경 부소장과 경북대학교 김윤상 명예교수님, 토지배당제 실현을 염원하는 기독교 단체 '희년함께'의 김덕영 대표와 이성영·김재광 센터장이 원고를 읽고 유익한 조언을 해주었는데, 이 지면을 통해 감사의 말씀을 드립니다.

마지막으로 이 책이 나오게 된 배경을 짧게 설명해야 할 것 같습니다. 이 책은 우리 연구소 후원자인 손도희 님의 연구비 지원으로 이루어졌습니다. 평범한 시민들도 쉽게 이해할 수 있는 토지배당 설명서를 써달라는 것이 손도희 님의 요청이었습니다. 이해하고 동의하는 시민이 많아져야, 즉 함께 꿈을 꿔야 제도가 실현

될 수 있다는 것이 손도희 님의 생각입니다. 그래서 우리는 쉽게 써야 한다는 걸 염두에 두고 최선을 다했습니다.

안타깝게도 지금 손도희 님은 '암'이라는 병마와 싸우고 계십니다. 손도희 님의 쾌유를 간절히 기원합니다. 그리고 손도희 님의 소망대로 이 책이 토지문제가 해결된 '새로운 사회'로 전환하는 데에 마중물이 되기를 바랍니다.

2023년 12월 희년평화빌딩 3층 연구실에서
필자들을 대신해서 남기업

차례

1부

AI 시대에
땅이
중요할까

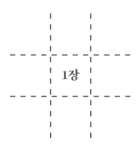

1장

'시대에 뒤떨어진' 땅 이야기?

실학자들의 급진적 제안

조선 후기 성호 이익, 반계 유형원, 다산 정약용 이런 분들이 펼친 학문을 우리는 실학實學이라고 부릅니다. 말을 풀어보면 실질적인 문제와 해법을 논구하는 학문이라는 뜻이겠지요. 실학의 반대말은 허학虛學입니다. 그러니까 실학이라는 말 자체가 당시 주자학으로 대표되는 성리학에 대한 비판인 셈이었어요. 당시 성리학은 백성의 현실 문제, 즉 민생民生과 거리가 먼 학문이었습니다.

그러면 실학자들이 주목했던 주제는 뭘까요? 바로 지금 우리가 여기서 다루는 '땅 문제'입니다. 놀랍게도 실학자들 '모두가' 땅 문제를 다뤘습니다. 한전론限田論, 균전론均田論, 정전론井田論이 그들이 땅의 문제를 다루면서 제안한 대표적 대안이에요. 성호 이익이 제안한 한전론은 말 그대로 토지 소유에 있어 한계를 두자는 것입니다. 생활에 필요한 토지는 매매를 금지하되 그 이외의 토지는 자유 매매를 허용하자는 내용이죠. 반계 유형원이 제안한 균전론은 모든 농민에게 균등하게 농지를 분배하고 토지를 대상으로 일률적으로 조세와 군역 등을 부과하자는 것이었습니다. 다산 정약용이 제안한 정전제는 토지를 '정'井 자 모양으로 아홉 등분해 주위의 여덟 구역은 사전私田으로 하여 백성에게 골고루 분배해 농사를 짓도록 하고, 중앙의 한 구역은 공전公田으로 만들어서 공동 경작해 세금을 납부하도록 하는 제도로 알려져 있습니다.

어떻습니까? 공산주의 아닌가 하는 생각이 들죠? 이들이 이런 급진적 대안을 제시한 까닭은 당시 토지 소유가 극도로 편중되어 있고 토지 없는 백성의 삶이 말이 아니었기 때문입니다. 균전제를 주창한 유형원은 당시 상황을 다음과 같이 전합니다.

> 부자는 끝없이 넓은 땅을 가지고 있고 가난한 사람은 송곳을 꽂을 땅도 없으니 이 때문에 부자는 더욱 부자가 되고 가난한 사람은 점점 더욱 가난해진다.[1]

그렇습니다. 당시의 토지 소유 불평등은 극심했고 실학자들 눈에는 당연히 이 문제가 가장 크게 보였을 것입니다. 땅 문제를 민생고의 제일가는 원인으로 짚는 건 결코 어려운 일이 아니었습니다. 농사로 살아가는 시대에 땅이 없으면 다른 사람의 소작농으로 살아야 하고, 소작료가 비싸면 먹을 것이 없어서 굶게 되고, 지주가 소작을 안 주면 살 수가 없다는 걸 조금만 둘러봐도 알 수 있으니까요. 다만 이것을 해결해야 할 문제라고 여기는 정신을 소유하는 것이 어려운 일입니다. 언제나 어디서나 '정신'은 '현실'에 대한 반역이니까요.

그러면 오늘날은 어떨까요? 여전히 토지 소유가 불평등합니다. 그것을 모르는 사람은 거의 없어요. 그렇다면 실학자들의 문제의식을 그대로 가져와도 괜찮을까요? 농경시대도 아닌 오늘날에도 토지가 그렇게 중요한 걸까요? 토지 소유가 불평등한 건 사실이지만 토지의 중요도가 떨어졌다면 토지 소유의 편중을 문제시할 필요도, 대책 마련에 골머리를 앓을 필요도 그만큼 줄어듭니다.

의외로 오늘날에는 토지의 중요도가 떨어졌다고 생각하는 학자나 시민이 많습니다. 그들의 생각을 요약하면 다음과 같을 것입니다.

토지는 농업이 주된 산업이었을 때는 중요했다. 그러나 지금은 농업사회가 아니다. 자동차와 핸드폰, 컴퓨터, 심지어 AI까지 등장한 시대다. 이런 상품들은 직접 토지를 사용해서 생산한 것이 아니다. 게다가 지금은 산업에서 차지하는 농업의 비중도 줄어들었다. 한국의 경우 GDP 대비 농림업 생산액 비중은 2012년 2.1%, 2016년 1.8%, 2019년 1.7%, 2021년 1.8%로 2%도 넘지 못하고 있다.

듣고 보니 그런 것도 같습니다. 놀라운 건 위대한 경제학자 존 케인스John M. Keynes도 토지는 농경시대에나 중요하다고 했다는 사실입니다.[2] 그뿐 아니라 세계 경제학의 떠오르는 신예 토마 피케티Thomas Piketty도 비슷한 입장이었습니다.[3] 이것이 진실이라면 토지를 집중적으로 다루는 이 책은 헛수고가 되겠죠. 한마디로 말해서 해도 좋고 안 해도 되는 작업이 되는 것이죠. 그런 까닭에 이 부분이 이 책에서 가장 중요한 내용이 될 수도 있겠습니다.

오늘날에도 토지가 중요할까?[4]

우선 이 책에서 말하는 '토지'가 무엇인지 정의할 필요가 있습니다. 가장 좁은 의미의 토지는 지구의 표면 중 수면水面을 제외한 부분일 것입니다. 이것이 일반적 의미의 토지입니다. 우리가 호수와 바다를 보면서 토지라고 하지는 않으니까요. 좀 더 넓게는 수면을 포함하여 지구의 모든 표면을 토지라고 부르기도 합니다. 범위를 더 넓히면 지구에 속한 자연 전체, 즉 지하자원, 공기, 태양광선, 동식물까지도 토지에 넣을 수 있어요. 그리고 가장 넓은 의미로 사용하면 지구만이 아니라 우주에 존재하는 만물萬物 가운데 사람이 생산하지 않은 자연 또는 인공물이 아닌 천연물 전체를 토지라고 보기도 합니다.

이 책에서 '토지'라는 용어는 일반적인 의미로 사용합니다만, 어떤 경우에는 가장 넓은 의미까지 연장될 수 있습니다. 우주의 모든 천연물은 인간과 무관하게 존재하는 것이라는 점에서 일반적 의미의 토지와 성질이 똑같기 때문이죠.[5]

그러면 토지가 여전히 중요하다는 걸 어떻게 알 수 있을까요? 그냥 중요하다고 하면 곤란하겠죠? 그래서 우리는 어떤 물자의 중요도를 알아보기 위해 경북대학교 김윤상 명예교수가 제안한 세 가지 평가기준을 사용하고자 합니다. 첫째는 그 물자의 필요성이고, 둘째는 대체 가능성, 셋째는 상대적 희소성입니다. 필요성이 높고, 대체할 다른 물자가 없고, 상대적 희소성이 높으면 최상의 중요도를 지닌 물자로 결론 지을 수 있습니다.

첫째, 필요성 기준입니다. 우리의 생활을 살펴보면 일상에서 꼭 필요한 물자가 있고, 있으면 편리한 것이 있으며, 그 물자가 없어도 사람의 생활에 불편을 주지 않는 사치 물자도 있습니다. 사람에 따라서 다르겠지만, 자동차는 꼭 필요한 물자라고 보기 어렵습니다. 편리하지만 자동차가 없다고 생존이 불가능한 것은 아니기 때문이죠. 휴대전화도 그렇습니다. 편리함을 주지만 휴대전화가 없다고 죽는 건 아닙니다. 그러면 골프채는 어떨까요? 그건 사치 물자에 속합니다. 골프를 치지 않으면 불행한 사람이 있을 수 있겠지만 그런 사람은 극소수에 불과합니다.

토지는 필수재

토지는 어떨까요? 인간 생활에 있어서 꼭 필요한 물자입니다. 여기에 동의하지 않는 사람은 없습니다. 토지 없이 살 수 있는 사람은 없기 때문이죠. 이 말은 너무 당연해서 따질 필요도 없습니다. 그러므로 필요성 면에서 토지는 다른 물자를 압도합니다.

둘째, 대체 가능성 기준입니다. 꼭 필요한 물자라고 하더라도 다른 물자로 대체할 수 있으면 중요도가 낮아집니다. 이런 관점에서 토지는 대체 불가능합니다. 여기서 대체 불가능하다는 것은 토지와 토지가 아닌 다른 물자 사이에 대체성이 없다는 뜻이지 토지 간에 대체성이 없다는 의미는 아닙니다. 어떤 분은 여러 층으로 된 건물을 보면서 건물이 토지를 대체할 수 있다고 생각할지도 모르겠습니다. 그러나 땅이 없으면 건물도 있을 수 없으므로, 건물은 토지와 대체성이 있다고 하기보다는 토지를 보완한다고 하는 것이 좋을 것입니다.

AI 시대에도 변함없이 중요한 토지

셋째, 상대적 희소성 기준입니다. 상대적 희소성은 필요 정도에 따라 양을 늘릴 수 있느냐에 따른 것입니다. 연필은 어떨까요? 연필은 필요하면 만들면 됩니다. 자동차도 그렇고 휴대전화도 그렇고 심지어 거대한 유조선도 그렇습니다. 그러나 토지는 다릅니다. 토지는 총량 면에서 상대적 희소성이 아주 높습니다. 만들 수 없기 때문이죠. 인간이 아무리 노력해도 토지의 양을 한 뼘도 늘릴 수 없습니다. 그뿐 아닙니다. 토지는 위치가 고정된 까닭에(자동차와 비교하면 쉽게 이해할 수 있습니다. 자동차는 위치를 쉽게 바꿉니다), 즉 위치가 이동하지 않기 때문에 희소성이 높을 수밖에 없습니다. 중심지의 토지와 변두리의 토지는 다릅니다. 중심지와 변두리의 토양 성분은 같을 수 있지만 '위치'location가 다르기 때문이죠. 토지의 생명은 토양의 성분이 아니라 첫째도 위치, 둘째도 위치, 셋째도 위치입니다.

물론 용도별 토지는 늘릴 수 있으므로 희소성이 절대적이라고 하긴 어렵다고 할 수 있어요. 예를 들어 주거용 토지와 상업용 토지가 부족하면 농지와 임야를 건물 지을 수 있는 땅으로 바꾸면 되니까요. 그러나 이 경우에도 새로 늘린 주거용 토지와 기존의 주거용 토지는 근본적으로 다르다는 점을 유념해야 합니다. 참여정부 때 서울 강남을 대체한다고 판교를 개발했지만 판교와 강남은 근본적으로 다르죠. 토지와 함께 생존에 필수적이고 대체 불가능한 물자인 식량도 토지만큼 상대적 희소성이 높지는 않아요. 식량은 필요하면 더 많이 생산할 수 있고 비축을 통해 공급량을 조절할 수 있지만 토지는 그렇게 할 수 없습니다.

이런 기준으로 보면 토지는 최상의 중요도를 갖습니다. 토지는 필수재이며, 대체 불가능하고, 상대적 희소성이 매우 높습니다. 그렇습니다. 토지는 농경사회나 산업사회나 AI 시대나 중요도가 전혀 변하지 않았습니다.

왜 그럴까요? 인간은 과거나 오늘이나 토지 위에서 살고 있기 때문입니다. 토지가 없으면 집을 지을 수 없고 생산활동을 할 수도 없습니다. 잠을 잘 수도 없고 사랑하는 사람과 편하게 앉아서 대화를 나눌 수도 없습니다. 과거 농경시대는 토양의 힘을 직접 이용하는 생산활동이 주류를 이루었지만, 오늘날에는 '토양이 힘'이 아니라 '토지가 가지는 위치의 힘'을 이용하는 생산활동이 주류를 이룹니다. 좋은 위치의 토지가 비싼 이유죠.

그렇습니다. 땅은 인간의 삶에서 가장 중요합니다. 농경시대와 마찬가지로 AI 시대에도 토지의 중요도는 전혀 달라지지 않았습니다. 그러므로 토지를 다루는 이 책은 당연히 중요할 수밖에 없습니다. 독자 여러분, 우리는 지금 매우 중요한 주제를 다루고 있는 것입니다!

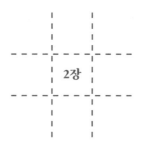

비싼 땅값,
불평등한 분배

우리나라 땅을 모두 팔면 캐나다를 두 번 살 수 있으며 호주와
독일도 충분히 살 수 있는 수준이다.[1]

캐나다는 우리나라 국토면적의 약 100배 가까이 되는 나라고,
호주는 77배, 독일은 3.6배 정도의 나라인데, 우리나라 땅값이 얼
마나 비싸기에 이런 계산이 가능할까요? 도저히 믿기지 않죠? 이
제 도시국가를 제외하고 땅값이 가장 비싼 대한민국의 현실과 그
땅의 불평등한 분배 상태를 살펴보겠습니다.

세계 최고 수준의 대한민국 땅값

토지는 국부國富(국민순자산) 중 가장 비중이 큰 자산입니다. 토지는 국내 총자산(국부)의 51%를 차지하고, 가계 자산의 55%를 차지하고 있습니다. 토지에 건물을 더한 부동산 자산으로 보면 국

〈표 1〉 국가별 한국 대비 땅값 총액과 GDP

국가	전체 땅값 (조 원)	한국 대비 땅값	한국 대비 GDP
한국	10,680	100%	100%
캐나다	6,536	61%	118%
호주	7,425	70%	97%
독일	10,339	97%	245%
일본	11,297	106%	226%

* 일본은 2020년 기준, 나머지 국가는 2021년 기준.
* 각국 환율은 2023년 9월 18일 기준.

〈그림 1〉 국가별 한국 대비 땅값 총액과 GDP

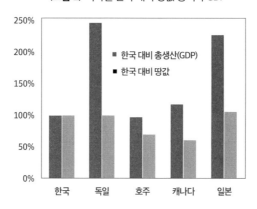

부의 84%, 가계 자산의 75%를 차지합니다.[2] 이처럼 토지, 그리고 부동산은 우리의 경제활동과 재산에서 매우 큰 중요성을 갖습니다. 그리고 부동산이 전체 자산에서 차지하는 이 비중은 다른 나라 대비 우리나라가 매우 높은 수준이에요. 부동산 가격에 엄청난 거품이 끼어 있다는 증거죠. 대한민국의 전체 땅값은 2022년 기준 1경 489조 원으로 국내총생산[3] 대비 4.9배에 달합니다. 이는 곧 4.9년간 국민 전체의 소득을 모아야 우리나라 전체 땅을 살 수 있

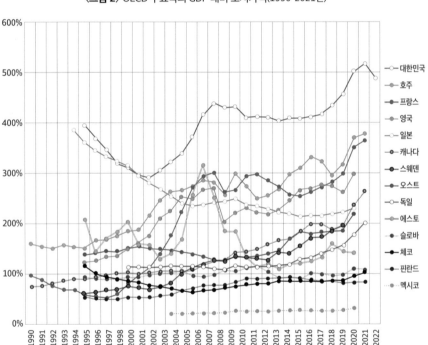

〈**그림 2**〉 OECD 주요국의 GDP 대비 토지가액(1990-2021년)

* 자료: OECD 자료를 바탕으로 한 저자의 계산.

　　　　　　　　　　　　　　　　비싼 땅값, 불평등한 분배

다는 것을 의미하는데, 〈그림 2〉에서 다른 나라와 비교해 보면 우리나라의 GDP 대비 땅값(토지/소득 비율)이 얼마나 높은지를 알 수 있습니다.

비교 가능한 OECD 국가 중에서 한국은 1995년부터 지금까지 전 세계에서 가장 비싼 땅값 수준(토지/소득 비율)을 유지하고 있습니다. 대부분의 OECD 국가의 총소득 대비 땅값이 1-4배 사이인 데 반해 한국은 2020년에 5배를 돌파했다가 2022년에 약간 떨어진 4.9배가 되었습니다.

이렇게 땅값이 다른 나라보다 높은 것은 무얼 의미할까요? 더 부유하다는 걸까요? 한 나라의 생산물 총액이 다른 나라보다 높다는 것은 다른 나라보다 부유하다는 뜻이지만 땅값은 그렇지 않습니다. 땅값이 높다는 것은 한 나라가 생산한 전체 소득을 땅 가진 개인과 법인이 더 많이 가져갈 수 있다는 뜻입니다. 땅값은 일종의 청구권이죠. 땅값이 1,000원이면 그 나라 총생산에서 1,000원을 청구할 수 있는데, 2,000원으로 오르면 2,000원을 요구할 수 있게 되었다는 뜻입니다. 땅 가진 사람의 청구권이 커지면 전체 소득은 고정되어 있으니 땅이 없거나 조금 있는 사람의 청구권은 그만큼 줄어들겠죠. 이것은 땅값이 비싸지면 가계의 주거비가 올라가고 토지 없는 기업이 매월 지불해야 하는 임대료가 올라가는 현상으로 나타납니다. 신규 기업의 사업 진출에서 장애 요인이 되기도 하고요.

〈그림 3〉 제도 부문별 토지 소유 현황(가액 기준)

* 가액 기준, 2022년 국민대차대조표(잠정).

그렇다면 우리나라의 토지를 누가 얼마나 가지고 있을까요? 가액 기준으로 우리나라 전체 땅의 24%는 정부가, 나머지 76%는 민간이 소유하고 있습니다. 민간 땅을 민유지라고 하는데 그중에서 가계 및 비영리단체가 소유한 땅이 전체의 59%, 기업이 소유한 땅이 전체의 17%입니다.[4]

1에 가까운 토지 소유 지니계수

민유지(개인 땅)를 누가 얼마나 가지고 있는지 살펴보겠습니다. 대한민국을 100명이 거주하는 마을이라고 한다면 개인의 토지 소유 현황은 〈그림 4〉와 같이 나타낼 수 있습니다. 여기서 1명

비싼 땅값, 불평등한 분배

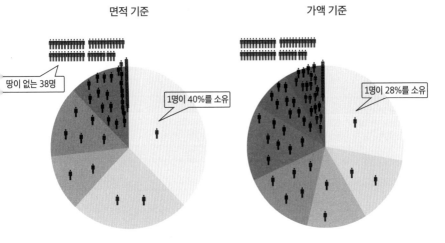

<그림 4> 대한민국이 100명의 마을이라면

면적 기준

가액 기준

땅이 없는 38명

1명이 40%를 소유

1명이 28%를 소유

* 민유지, 2022년 토지 소유 현황(2023년 발표).

은 전체 세대 중 1%를 의미합니다. 땅을 가장 많이 소유한 1명(상위 1% 세대)이 가액 기준으로는 28%의 토지를, 면적 기준으로는 무려 40%의 토지를 소유하고 있습니다. 안타깝게도 38명(38%의 세대)은 토지가 없어 원 밖에 서 있습니다. 땅이 없는 이 38명은 생존을 위해 땅을 많이 소유한 사람에게 땅을 빌려 쓰면서 임대료를 지불하고 있는 것이죠.

개인이 소유하고 있는 이러한 토지의 분배 현황을 지니계수를 통해 나타낼 수도 있습니다. 지니계수는 0에 가까울수록 평등하고 1에 가까울수록 불평등합니다. 토지 소유 지니계수는 2022년 현재 가액 기준으로는 0.810, 면적 기준으로는 0.916입니다. 일반

<표 2> 대한민국이 100명의 마을이라면(상위 토지 점유율)

국가	전체 땅값 (조 원)	한국 대비 땅값	한국 대비 GDP
한국	10,680	100%	100%
캐나다	6,536	61%	118%
호주	7,425	70%	97%
독일	10,339	97%	245%
일본	11,297	106%	226%

* 1명은 토지 보유자 전체의 1%를 의미함. 2022년 기준.

적으로 소득 불평등도가 0.3-0.4, 자산 불평등도가 0.5-0.6 사이임을 감안하면 0.8-0.9에 달하는 토지 소유 지니계수는 그 불평등도가 매우 극심함을 의미합니다.

그렇다면 최상위 0.01%의 세대는 얼마나 땅을 가지고 있을까요?[5] 2020년 현재 최상위 0.01%에 해당하는 1,412세대는 한 세대당 공시지가 기준으로 평균 705억 원의 토지를, 시가 기준으로 1,216억 원의 토지를 소유하고 있습니다.[6] 900만 세대는 땅이 한 평도 없는데 말입니다. 1천억 원 상당의 땅을 가진 세대는 대체 그 땅을 가지고 무얼 하는 걸까요? 직접 사용하는 땅은 얼마 되지 않을 겁니다. 대부분 임대하겠지요. 그런데 거듭해서 말하지만 중요한 건 1천억 원이라는 땅값은 팔았을 때 국민 총생산에서 1천억 원을 청구할 수 있다는 의미라는 점입니다. 물론 보유하고 있는 기간에는 임대료로 청구하겠지만요.

비싼 땅값, 불평등한 분배

여러 채를 가진 15% 가구, 남의 집에 사는 44% 가구

독자 여러분은 집을 소유하고 있는지요? 주택 소유자는 모두 토지 소유자입니다. 집이라는 것은 건물과 대지로 구성되어 있으니까요. 이는 단독주택뿐 아니라 아파트도 마찬가지예요. 아파트 소유자는 아파트 단지 전체 토지에서 지분만큼 땅을 소유하고 있는 것입니다. 주택 소유에 따라 가구의 비율을 나누어 보면 2021년 기준으로 무주택 가구가 44%, 유주택 가구는 56%입니다. 유주택 가구 중 1주택 가구는 전체의 42%, 다주택 가구는 전체의 15%입니다.

그렇다고 44%의 무주택 가구 모두가 15%의 다주택 가구가 소유한 주택에서 세를 사는 건 아닙니다. 정부가 공급하는 공공임대

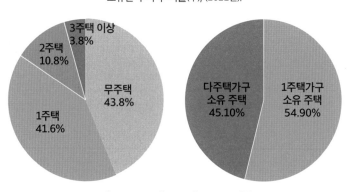

〈그림 5〉 주택 수에 따른 가구 비율(좌), 1주택 및 다주택자가
소유한 주택 수 비율(우), (2021년).

* 자료: 2021 주택소유통계, 2022, 통계청.

주택 8%가 있기 때문입니다. 정확히 말하면 36%의 무주택 가구 (760만 가구)는 전세·월세 등을 통해 15%의 다주택 가구가 소유한 주택에 거주하고 있습니다. 그러니까 760만 무주택 가구의 소득이 임대료 명목으로 320만 다주택 가구에게 쉼 없이 이전되고 있다는 것이죠. 그리고 전세나 월세가 오르면 사실상 더 많은 무주택자의 소득이 다주택 가구에게 이전됩니다. 개인이 소유한 주택에서 다주택 가구가 소유한 주택은 무려 45%나 됩니다. 우리 눈에 보이는 주택의 약 절반 정도는 다주택 가구가 돈을 벌 목적으로 가지고 있다는 것입니다.

5%의 기업이 95%의 토지를 소유

기업, 즉 법인 토지 소유 불평등은 개인보다 훨씬 심합니다. 2022년 가액 기준으로 상위 1%가 84%를, 상위 5%가 95%를 소유하고 있습니다. 그러면 최상위 0.01%의 기업(법인)은 얼마나 토지를 보유하고 있을까요? 2020년 토지를 보유한 법인 수는 23만 개에 달하는데, 이중 최상위 0.01%에 해당하는 23개 기업 전체가 보유한 토지는 공시지가 기준으로 453조 원에 달하며, 이는 법인 소유 토지의 32.5%에 해당하는 금액이고, 한 개의 기업이 소유한 토지는 공시지가 기준으로는 20조 원, 시가 기준으로 34조 원이나

비싼 땅값, 불평등한 분배

됩니다.[7]

34조 원의 토지를 보유한 기업은 그 많은 땅을 어디에 쓰고 있는 걸까요? 생산활동에 사용하고 있는 걸까요? 생산활동의 가장 중요한 주체인 기업이 이렇게 많은 땅을 보유한 이유를 우리 모두 알고 있습니다. 4장에서 자세히 살펴보겠습니다.

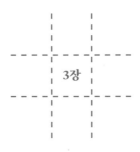

3장

부동산 투기,
뭐가 나쁘지?

'부동산 구매로 번 돈이 불로소득이라고 생각하느냐'는 질문에
도 '그렇지 않다'가 41.5%였다. '그렇다'(51.3%)보다는 적었지만
응답자 상당수가 부동산 수익을 불로소득으로 생각하지 않고
있는 것이다.[1]

투기와 불로소득은 항상 같이 붙어 다닙니다. 투기가 노리는
것이 불로소득이기 때문이지요. 그러니까 불로소득이 예상되지
않으면 '투기'投機라는 경제행위는 사라집니다. 그런데 '불로소득'
이란 말에 고개를 갸우뚱할 수 있습니다. 시장경제에서 자유로운

거래를 통해 어떤 경우엔 돈을 벌기도 하고 재수 없으면 잃기도 하는 것이지 불로소득이 어딨냐는 거죠. 이런 생각 때문인지, 아니면 '재테크'라는 이름으로 투기가 일상화된 환경에서 살아가기 때문인지 부동산으로 번 돈을 불로소득으로 생각하지 않는 사람이 40%가 넘는다고 합니다.

그러면 어떻게 해야 할까요? 가위바위보로 결정해야 할까요? 아니면 핏대 올려가며 논쟁해야 할까요? 헷갈리면 근본으로 돌아가서 생각해봐야 합니다. 일반적으로 노동은 소득을 목적으로 한 생산활동을 뜻해요. 우리는 생산 과정에 노동을 투입하고 그 대가로 소득을 얻습니다. 자동차 생산을 생각해볼게요. 어떤 사람은 부품을 조립하고, 어떤 사람은 내연기관의 공기연료비를 높이는 연구를 하고, 또 어떤 이는 자동차의 외관을 디자인하고, 또 어떤 사람은 자동차를 직접 판매하는데, 여기서 말하려고 하는 건 이 모든 활동이 '생산적' 노동이라는 것입니다. 자동차라는 상품을 생산하여 시장에 출시해서 최종적으로 소비자에게 판매하는 것을 목표로 모두가 분업과 협업을 하기 때문입니다.

소득의 원천은 노동!

물론 자동차 생산에 참여하는 모든 노동의 기여도는 다릅니다. 부품을 조립하는 노동과 엔진을 설계하는 노동이 다르고, 엔진 설계 노동과 자동차 판매 노동이 다릅니다. 여기서 소득은 기여에 따라 결정되는 게 정상이겠지요.

그러나 소득은 노동에서만 생기는 것은 아닙니다. 자산에서도 소득이 나옵니다. 물론 자산 자체는 소득 축적의 결과지요. 앞서 말한 자동차를 예로 들어볼게요. 자동차라는 자산은 노동을 통해 얻은 소득으로 매입한 것입니다. 이렇게 해서 소유한 자동차를 타인에게 임대하거나 매각하면 소득이 생깁니다. 자동차를 '렌트'해서 사용하는 사람은 사용료를 자동차 소유주에게 줘야 하는데, 이것이 바로 자산에서 발생하는 소득입니다. 물론 자동차를 매각할 때도 소득이 발생하지만, 처음 매입했을 때보다 가치가 하락하기 때문에 특이한 경우가 아니라면 매입가와 매각가의 차이는 마이너스가 됩니다.

노동으로 벌어들인 소득으로 매입한 자산 중엔 주식도 있습니다. 주식을 보유하면 정기적으로 배당금이라는 소득이 생깁니다. 그리고 주가가 올라서 주식을 팔면 차액이라는 소득도 발생하죠. 채권도 마찬가지입니다. 채권 이자율이 5%이고 채권 가격이 10억 원이고 만기가 3년이라면 첫 해와 둘째 해에는 10억 원의 5%, 그러니까 5천만 원의 소득이 발생하고 마지막 해에는 채권 이자 5천만 원과 원금 10억 원을 돌려받을 수 있습니다. 그런데 5%였던 시장 이자율이 2%로 떨어지면 5% 때 발행했던 채권 가격이 올라

부동산 투기, 뭐가 나쁘지?

처분하면 매매차익도 얻을 수 있는데 이것도 소득입니다.

얼마 전에 우리 사회를 떠들썩하게 했던 비트코인도 자산인데 여기에서도 소득이 많이 생겼습니다. 비트코인은 가상화폐입니다. 실물의 뒷받침도 없고 정부의 보장도 없는 화폐라는 뜻이죠. 그런데 블록체인이라는 새로운 기술에 기반했고, 난해하며, 심지어 신비로움까지 더해져서인지 비트코인 가격은 계속 올라갔습니다. 가격이 오른 것은 코인 자체의 가치가 올랐기 때문이 아니라 사람들이 오를 것을 예상·기대하고 매입에 나섰기 때문이에요. 그 결과 초기에 비트코인을 매입했다가 가격이 높았을 때 매각한 사람은 엄청난 돈을 벌었습니다.

이렇게 보유했을 때 생기는 소득과 거래했을 때 발생하는 소득이 자산에서 발생하는 소득입니다. 그런데 보통 자산에서 발생하는 자산소득과 노동에서 발생하는 노동소득 중 사회가 권장하는 것은 노동소득입니다. 주식, 채권, 코인, 부동산 등을 통해 얻는 소득은 소득이라고 인정하긴 하지만 불로소득이라고 보는 시각이 상당하죠.

그러나 자산에서 발생하는 소득을 모두 불로소득이라고 할 수는 없습니다. 굳이 따지자면 다른 곳에 투자했을 때 얻을 수 있는 평균 수익률을 초과하는 부분을 불로소득이라고 해야 할 것입니다. 불로소득을 정확히 말하면, 보유했을 때는 매입가의 이자를 '초과하는' 수입이고 매각했을 때는 매입가를 '초과하는' 매각가가 불로소득입니다.

불로소득 혹은 시기심의 발로

그러나 불로소득이라는 말은 그것을 얻는 사람 입장에서는 매우 불쾌한 말임에 틀림없습니다. 자산을 통해 돈을 버는 사람이 노력하지 않은 것도 아니고요. 좋은 부동산을 알아보기 위해 열심히 노력했고, 주식을 매입할 때도 앞으로 가격이 오를 전도유망한 회사를 선별하기 위해 정보를 취합해 분석하는 노력도 투입했습니다. 고민하는 것도, 현장 방문도, 정보 취합 및 분석도 분명 노력입니다. 그래서 불로소득이란 용어는 게으르고 무능력한 사람이 시기심으로 만들어낸 말이라고 비난하기까지 하죠. '투기'가 아니라 '투자'라는 것입니다. 영혼까지 끌어모았다는 뜻의 '영끌'도 노력이라는 것이죠.

그러나 여기서 말하는 '불로소득'이란 말은 철저히 '사회적 관점'의 용어라는 것을 이해하는 것이 필요합니다. 돈을 벌기 위해 집과 건물을 알아보러 다니는 행위, 성장 가능성 있는 주식을 알아보는 행위, 채권을 구매했다가 타이밍을 잘 봐서 매각하는 행위, 코인을 언제 사고팔아야 하는지를 결정하는 행위 등은 개인적 관점에선 '노력'이지만 사회적 관점에서 부가가치를 창출하는 행

부동산 투기, 뭐가 나쁘지?

위는 아니라는 것입니다. 그런 행위를 아무리 열심히 해도 GDP가 1도 증가하지 않습니다. 아무리 열심히 부동산을 알아보고 정보를 취합해도, 주식시황을 아무리 열심히 들여다보고 분석해도, 채권 수익률의 변동을 아무리 잘 살펴봐도 생산량은 증가하지 않습니다. 그래서 그런 행위를 사회과학에서는 비생산적 경제활동, 좀 더 그럴싸한 말로 지대추구행위rent seeking behavior라고 부릅니다. 즉 불로소득이냐 아니냐는 개인적 관점이 아니라 사회적 관점에서 구분이 가능하다는 것입니다.

반면에 노력소득은 사회적으로 바람직한 행위입니다. 한 사회의 부(富), 즉 GDP가 증가합니다. 사회적으로 바람직한 행위입니다. 사회적으로 바람직한 경제행위인지 여부는 현재 자신이 하는 경제행위를 대한민국 전체 국민이 똑같이 하면 사회가 어떻게 될지를 생각해보면 금방 이해할 수 있습니다. 대한민국 모든 국민이 아침부터 밤늦게까지 부동산을 알아보러 다닌다면, 주식시황과 채권 가격의 변동만 쳐다보고 있다면 나라 경제는 어떻게 될까요? 물으나 마나입니다. 인간은 사회적 존재이듯이 소득도 사회적 관점이 필요한 것입니다.

그러면 불로소득이 다 나쁜 걸까요? 그렇지 않습니다. 불로소득에도 악성惡性과 양성良性이 있습니다. 주식 매매차익은 불로소득이지만 주식엔 순기능이 있습니다. 주식 발행은 기본적으로 기업의 생산적 투자를 돕습니다. 기업이 은행에서 자금을 빌리면 원금과 이자를 갚아야 하지만, 주식 발행을 통해 투자자금을 확보하면 상환 부담이 없습니다. 다만 기업은 주식 소유자에게 일정한 배당금을 지급하고, 법과 규정에 따라 주주들을 경영에 참여시켜야 합니다. 채권도 그렇습니다. 채권을 발행해서 자금을 조달하는 회사는 생산활동에 지원을 받는 것입니다. 물론 채권 가격이 오르고 내림에 따라 매매차익인 불로소득이 발생하지만 말입니다. 발행된 채권과 주식 거래에 수반되는 노력이 '생산적' 노력은 아니지만 채권과 주식의 순기능이 분명 존재한다는 건 부인할 수 없는 사실이죠. 이렇게 주식과 채권은 생산활동을 돕는 측면이 있습니다.

한편 불로소득의 악성과 양성은 누가 이익을 보고 누가 피해 혹은 손해를 보느냐에 따라서도 구별이 가능합니다. 주식을 한 주도 가지고 있지 않은 사람은 주가가 오르내리는 것 때문에 정신적으로 고통을 받거나 금전적 손해를 보지 않습니다. 정신적 고통과 금전적 손익은 주식 시장의 문을 열고 걸어들어간 사람들 사이에서 벌어지는 일입니다. 1만 원이었던 주식이 5만 원이 되었다가 다시 1만 원으로 떨어지면, 어떤 사람은 최대 4만 원의 이익을 보고 어떤 사람은 최대 4만 원의 손해를 본 것입니다. 비트코인도 그렇습니다. 이 책을 쓰고 있는 우리 세 명은 비트코인을 한 개도 가지고 있지 않습니다. 그러므로 비트코인 가격이 15배, 아니 100배가 올라도 우리에게는 하나도 영향을 주지 않습니다.

부동산 투기, 뭐가 나쁘지?

가장 악성인 불로소득

그런데 양성은 없고 악성만 있을 뿐만 아니라 아예 자산을 소유하지 않은 사람에게 더 큰 손해를 끼치는 자산이 있으니 그것이 바로 부동산입니다. 주택을 핵심으로 하는 부동산은 생활에 있어서 필수이기 때문에 부동산 투기에 참여하지 않은 사람에게 막대한 손해를 입힙니다. 무주택자는 투기 때문에 집값과 임대료가 올라가면 생활이 쪼들리게 되죠. 이런 까닭에 부동산 불로소득을 불로소득 중에서도 가장 악성 불로소득이라고 하는 것입니다.

생각해보세요. 집값이 폭등하면 주택 및 부동산 과다 보유자는 엄청난 돈을 벌지만 무주택자들은 아무 것도 안 했는데 더 가난해지게 됩니다. 투기가 일어나 집값이 폭등하면 전·월세 값도 올라가서 무주택자들은 실질소득이 줄어들고 또 집을 사려면 훨씬 많은 돈을 저축하거나 대출받아야 합니다. 가격이 올라서 돈을 번 사람과 손해 본 사람의 손실을 더 하면 제로가 되는데, 바로 이런 부동산 불로소득의 성격 때문에 많은 사람이 분노하고 절망하는 것입니다.

주식을 소유하지 않은 사람은 주식 때문에 자살하지 않습니다. 그러나 부동산은, 부동산을 소유하지 않은 사람이 자살합니다. 집값과 전세값이 너무 올라 살기가 어렵기 때문이죠. 실제로 지난 1980년대 말에 전국적으로 일어난 부동산 투기 광풍이 집값과 전·월세값 폭등으로 이어져 세입자 17명이 귀중한 생명을 끊는 일이 발생했습니다. 이들은 투기에 가담한 사람이 아니라 투기에 참여하고 싶어도 할 수가 없는 사람들이었습니다.[2]

그리고 여기서 분명히 해야 할 것은, 부동산에서 발생하는 이득은 부동산 소유자의 노력과 무관하게 발생한다는 점입니다. 개발 예정지 부근의 땅값이 올라가는 것, 집 근처에 전철역과 공원이 생겨서 집값과 땅값이 올라가는 것은 정부와 사회가 노력해서 올라간 것이므로 올라간 가치를 개인이 누리는 것은 부당합니다. 서울 강남의 집값과 땅값이 비싼 이유는 강남의 땅 소유주가 노력해서 올라간 것이 아닙니다. 수십 년 동안 정부가 강남 중심 정책을 추진한 결과죠. 만약 정부가 '가평' 중심 정책을 추진했으면 가평의 땅값이 지금보다 수백 배 올랐을 것입니다.

그러면 이렇게 말하는 사람이 있을 것입니다. 부동산 불로소득을 인정해야 시장경제가 잘 돌아가는 것 아니냐는 질문이죠. 아닙니다. 정반대입니다. 예를 들어 매매차익도 별로 안 생기고 보유하고 있을 때 발생하는 이익이 다른 곳에 투자했을 때와 비슷하다고 가정해봅시다. 이런 상황에서는 사용 의사가 없으면 누구도 부동산을 소유하려고 들지 않습니다. 필요한 사람만 부동산을 소유하려 하고 소유한 사람도 잘 사용하려고 노력하게 됩니다. 안 그러면 손해가 되니까요.

우리가 시장을 존중하는 까닭 중 하나는 한정된 자원을 가장 효율적으로 이용할 사람이 소유하도록 유도하기 때문입니다. 자원을 효율적으로 이용해야 사회 전체의 부가 늘어나니까요. 그런데 불로소득이 생기면 효율적 사용자가 아니더라도 자원을 소유하려고 합니다. 더 많은 불로소득이 예상되면 이용이 아니라 방치시키기도 하죠. 도심지에 놀고 있는 땅을 보세요. 하나의 예로 여의도 성모병원 옆의 5,000평 규모의 금싸라기 땅이 무려 40년 이상 놀고 있습니다.[3]

2021년에 발생한 461.6조 원의 부동산 불로소득

요약하면 부동산 불로소득이 가장 악성인 불로소득입니다. 이런 부동산 불로소득은 얼마나 될까요? 〈그림 6〉을 보면 2007년에는 161.4조 원의 부동산 불로소득이 발생했고, 2010년에는 216.9조 원, 2018년에는 315.9조 원, 2020년에는 436.3조 원, 2021년에는 무려 461.6조 원의 불로소득이 발생했다는 걸 알 수 있습니다. GDP와 비교하면 15년(2007-2021) 동안의 GDP 대비 부동산 불로소득 평균은 17.0%나 됩니다. 심지어 2020년, 2021년에는 부동산 불로소득의 규모가 20%를 넘었습니다. 물론 그 이유는 이 시기에 부동산 가격이 폭등했기 때문이에요. 앞에서 말했듯 부동산 가격 폭등은 부동산을 소유하지 못했거나 적게 소유한 개인과 회사가

〈그림 6〉 부동산 불로소득 추이(조 원, %)

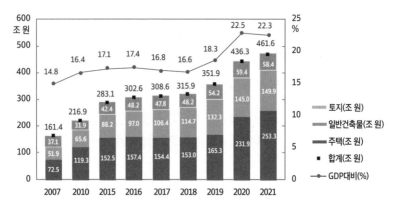

* 자료: 남기업, 2023, "2020-2021년 부동산 불로소득 추산", 〈토지+자유 리포트〉 24호, p. 10.

노력해서 벌어들인 소득이 부동산을 많이 소유한 개인과 회사에게

이전되었다는 것을 의미합니다. 부동산 가격이 폭등하면 무주택자

가 집을 사거나 부동산이 필요한 회사가 건물이나 땅을 살 때 비용

이 증가하기 때문입니다. 즉 증가한 비용만큼 이전되는 것이죠.

사회 공동체를 파괴하는 부동산 불로소득

부동산 가격 폭등으로 발생하는 막대한 부동산 불로소득은 부

당한 불평등을 낳는 제일가는 원인입니다. 정당한 원인에 의한 불

평등은 사회 역동성을 높입니다. 더 많은 소득을 얻은 사람에 대

한 존중 혹은 존경이 있고 그것은 사회 구성원들의 창발성을 자

극하죠. 이에 반해 부당한 원인에 의한 불평등은 사회 갈등과 불만의 원인이 됩니다. 사회 불안이 커지고 공동체성은 약해집니다. 더 많은 부동산 불로소득을 얻은 자, 부동산으로 대박을 터트린 자를 마음으로 존경하는 사람이 얼마나 될까요? 그런 사람에 대해 사람들이 느끼는 주된 감정은 한편으론 시기심이고 또 다른 한편으론 절망과 탄식일 것입니다.

부동산 불로소득이 만연한 사회에선 국민 대다수가 집값의 포로가 되어 살아갑니다. 집값에 안 좋은 영향을 준다는 이유 하나로, 다른 말로 하면 불로소득의 규모가 줄어든다는 이유로 공공임대주택이 자신이 사는 동네에 들어서는 것을 반대하는 것이 이제 일반적인 사회현상이 되었습니다.

또 부동산 불로소득은 비리와 주민 간 갈등의 원인이기도 합니다. 우리가 알고 있듯이 아파트의 운영을 책임지는 동 대표로 구성된 입주자대표회의는 대부분 비리와 갈등, 법적 시비로 몸살을 앓고 있습니다. 주민들이 매월 내는 관리비로 불필요한 공사를 일으키는 일도 많습니다. 공사를 일으켜야 뒷돈을 주고받을 수 있기 때문이죠. 공사업체 선정 과정에서 금품 수수와 접대도 상당합니다. 소송이 끊이지 않고 이 과정에서 심지어 살인까지 일어나기도 합니다.[4]

이런 문제는 왜 일어날까요? 그것은 입주민의 무관심 때문입니다. 그러면 한 번 더 질문해보겠습니다. 입주민들이, 자신이 낸 관리비를 소수의 입주자 대표들과 때론 관리사무소 직원들이 낭비하고 아파트 관리의 질이 떨어지는 것에 무신경한 이유는 뭘까요? 아파트 관리가 아파트 가격에 거의 영향을 주지 않기 때문입니다.

지금의 아파트 가격은 아파트 건물 관리, 즉 내부 변수가 아니라 아파트의 위치와 경제 분위기, 즉 외부 변수가 좌우합니다. 아파트 주변에 전철역이 들어서거나 도로가 나면 가격이 올라가죠. 아파트 건물 상태와 무관하게 말입니다. 이것이 바로 사회가 만든 가치, 즉 불로소득을 누리는 과정입니다. 이런 까닭에 아파트 주변에 전철역과 도로나 공원을 설치하는 일에는 모두가 나서서 서명도 하고 바쁜 와중에 관공서까지 찾아가 피켓을 들고 목소리를 높여도 정작 아파트 내부에서 일어나는 갈등과 비리엔 무관심한 것입니다.

더구나 아파트 건물의 관리 상태가 더 나빠야 재산 가치가 올라가기까지 합니다. 재건축을 앞둔 아파트가 비싸다는 건 우리가 다 알고 있습니다. 이것은 바꿔 말하면 아파트 건물 상태가 나쁘고 불안해져야 가격이 더 올라간다는 뜻이기도 합니다. 그러니까 입주민들이 건물 관리에, 아파트에서 일어나는 비리와 갈등에 신경을 쓸 이유가 거의 없는 것이죠.

만약 아파트 가격이 자동차와 마찬가지로 위치와 무관하게 내부적 요인, 즉 건물 가치로만 결정된다면 어떻게 될까요? 만약 건

부동산 투기, 뭐가 나쁘지?

물이 낡고 위험해서 재건축을 한다고 해도 개발이익인 불로소득을 누리기 어렵다면 어떻게 될까요? 재건축을 최대한 늦추는 동시에 건물을 잘 관리하여 오래도록 사용하려고 할 것입니다. 자연스럽게 아파트 관리에 대한 입주민의 관심은 높아지고 비리와 갈등은 크게 줄어들겠죠.

그렇습니다. 아파트 입주민 간의 갈등과 비리가 계속되고, 주민들이 아파트 운영이나 공동체 활동에 무관심한 주된 이유는 부동산 불로소득에 있습니다. 재건축을 앞당겨서 집값을 높이는 데 관심이 많은 사람일수록 아파트 관리에 무관심하고 공동체 활동은 거들떠보지도 않습니다. 재건축 바람이 불어 가격이 오르면 얼른 팔아서 시세차익을 누리고 다른 곳으로 이사 갈 궁리는 해도 아파트 관리에 관심을 두고 주민들과 함께 꽃을 심고 물을 주는 다양한 공동체 활동에 참여하는 건 언감생심입니다.[5]

이렇게 부동산 불로소득과 건강한 사회 공동체는 상극입니다. 부동산 불로소득은 다양한 방면에서 사회 공동체를 위협합니다. 부동산이 부당한 불평등의 주범이라는 것, 그리고 그 불평등이 온갖 사회경제적 갈등의 원인이라는 것을 곰곰이 생각하다 보면 어느새 부동산 불로소득은 만악萬惡의 근원이라는 인식에까지 이르게 됩니다.

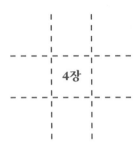

4장

우리나라 기업들이
유독 땅을 사랑하는 이유

지난 15년 동안 사업을 해서 번 돈을 증식시키기 위해 여러 가지
방법을 써봤다. 결과적으로 가장 큰 수익을 안겨준 것은 역시
부동산이었다.[1]

100억 원 이상의 매출을 올리는 중소기업 회사 사장의 고백입
니다. 사회 전체를 이롭게 하는 기술개발이나 경영혁신을 통해 이
윤을 창출하는 것보다 부동산 투기를 통해 돈을 버는 것이 훨씬
쉽고 수익률도 다른 것과 비교할 수 없이 높다는 것입니다. 저 고
백이 담긴 책이 2004년에 나왔으니 "지난 15년"이라는 것은 아마

도 1980-1990년대를 의미할 겁니다. 당시만 그랬을까요? 놀랍게도 이런 관행은 계속되고 있습니다.

윤리적이고 정의로운 시장?

앞서 말했듯이 부동산 투기는 생산적 활동이 아니라는 점을 인식하는 것이 중요합니다. 개별 기업 입장에서 부동산으로 아무리 많은 이익을 얻었다고 해도 그 이익은 다른 경제주체가 이미 생산한 가치가 그 기업으로 흘러간 것이지 그 기업의 생산적 기여에 대한 대가가 아닙니다. 한마디로 말해서 부동산 투기는 나라 경제에 전혀 도움이 되지 않는 경제행위라는 것이죠.

한 사회가 만든 상품과 서비스는 눈에 보이지 않는 하나의 바구니에 담깁니다. 경제행위자들은 그 바구니에 각자가 가져온 상품과 서비스를 집어넣기도 하고 필요한 다른 상품과 서비스를 가져가기도 하는데, 이 모든 행위를 시장이라고 부를 수 있어요. 그런데 여기엔 중요한 규칙이 있습니다. 이 바구니에서 상품과 서비스를 꺼내고 싶은 사람은 반드시 그 가치에 상응하는 다른 상품과 서비스를 집어넣어야 한다는 것이죠. 이 과정을 원활하게 해주는 매개체가 화폐입니다. 만일 농부가 바구니에 있는 TV를 꺼내고 싶다면 TV의 가치와 똑같은 감자나 오이, 쌀과 같은 농산물을 집어넣어야 합니다. 휴대전화가 필요한 학생은 아르바이트라는 서비스를 집어넣어야 휴대전화를 꺼낼 수 있습니다. 이렇게 정상적으로 작동하는 시장은 윤리적이고 정의롭기까지 합니다. 애덤 스미스Adam Smith가 말한 분업과 전문화가 자연스럽게 일어납니다. 이렇게 시장market의 기능과 역할을 생각해보면 시장은 명사가 아니라 동사라고 해야 합니다.

그렇다면 불로소득을 누리는 개인이나 기업은 시장에서 무얼 하는 걸까요? 아무것도 집어넣지 않고 바구니에서 상품과 서비스를 꺼내고 있는 것입니다. 볼펜도 빼가고, 자동차도 빼가고, 비행기를 타기도 하는 것인데, 문제는 거듭 말하지만 빼가면서 아무것도 집어넣지 않는다는 거예요. 땅값과 임대료가 오른다는 건 그 소유자에게 한 사회가 만든 상품과 서비스에 대해 더 많이 청구할 수 있는 권리, 즉 바구니에서 더 많이 빼갈 수 있는 권리가 생겼다는 뜻이지만 직접 무얼 생산한 것은 아니거든요. 이런 까닭에 불로소득이 한 사회에 만연하면 더 좋은 서비스와 상품을 생산하려는 노동 의욕이 사그라지고 경제는 활력을 잃게 되는 것입니다.

일을 안 해도 상품과 서비스를 빼갈 수 있는데 누가 열심히 노력하고 싶을까요? 사람들은 기회가 되는 대로 불로소득을 노리는 투기에 가담하려고 할 것입니다. 일반적으로 사람은 잘못된 제도가 계속될 것이라고 예상하면 그 제도의 피해자가 아니라 수혜자가 되려고 하거든요.

우리나라 기업들이 유독 땅을 사랑하는 이유

생산적 투자보다 토지 매입

우리나라 기업들은 다른 나라보다 이런 활동에 더 많은 관심과 더 많은 돈을 쏟아붓고 있습니다. 먼저 아래 〈그림 7〉을 볼게요. '총고정자본형성비'라는 낯선 용어가 나오는데, 이것은 기업 등 생산자가 생산능력을 유지하거나 높이기 위해 건물을 짓고 기계와 차량 등의 장비를 구입하는 데 투입하는 비용을 말합니다. 한마디로 '생산적 투자'죠. 토지순매입은 토지를 매입한 액수에서 매각한 액수를 뺀 값입니다. 그러니까 '순 매입'이 0보다 크다는

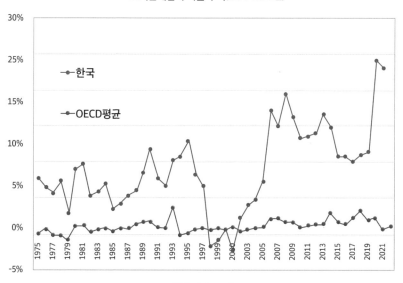

〈**그림 7**〉 한국과 OECD 국가의 비금융 법인 총고정자본형성비 대비 토지순매입비 비율 추이(1975-2021년)

* 자료: stats.oecd.org

것은 매각한 금액보다 매입한 금액이 많다는 것을 뜻합니다. 그러므로 '총고정자본형성비 대비 토지순매입비' 추이는 매해 생산적 투자인 총고정자본형성비와 비교해 토지순매입에 얼마를 투입했는지를 보여주는 지표가 됩니다. 예를 들어 '총고정자본형성비 대비 토지순매입비'가 10%면 생산적 투자를 100억 원 할 때 토지순매입에 10억 원을 투입했다는 것을 뜻합니다. 그러므로 이 비율이 다른 나라와 비교해서 높으면 토지 투기가 상당했다고 해석할 수 있습니다.

〈그림 7〉은 우리나라의 기업(비금융법인)이 다른 나라와 비교해 생산적 투자보다 토지 매입을, 다시 말해서 왕성한 토지 투기를 했다는 것을 보여줍니다. 47년(1975-2021) 동안 한국의 총고정자본형성비 대비 토지 순 구입비 평균은 9.00%이고 OECD 평균은 1.06%이므로 한국은 OECD 평균의 무려 8.49배가 됩니다. 이것은 한국 기업이 47년 동안 OECD 국가들의 기업보다 8.49배나 많은 자금을 토지 매입에 썼다는 것을 뜻합니다. 물론 우리나라 땅값이 OECD 국가들보다 두 배가량 높다는 점도 그 원인 중 하나일 수 있지만,[2] 이것으로 충분한 설명이 되지 않습니다. 한국처럼 1975년부터 2021년 현재까지 총고정자본형성비 대비 토지 순매입이 5-24%인 나라는 없습니다. 다른 나라는 편차는 있어도 +2.5%에서 −25% 사이에서 움직입니다. 이런 까닭에 기업이 필요 이상으로 토지에 돈을 쏟아붓는 원인을 토지 투기에서 찾을 수밖

우리나라 기업들이 유독 땅을 사랑하는 이유

에 없는 것이죠. 1975년부터 2021년 현재까지 총고정자본형성비 대비 토지순매입비 비율은 OECD 평균보다 5-20배나 높았고, 외환위기 직후인 1998년, 1999년, 2001년만 예외였습니다.[3]

기업은 토지를 어디서 사들였을까요? 개인(가계)입니다. 통계에 따르면 민간 보유 토지 중 개인이 소유한 비율은 가액 기준으로 2005년 61.3%에서 2021년 55.9%로, 면적 기준으로는 56.7%에서 50.3%로 감소했습니다. 반면 법인(기업)의 점유율은 가액 기준으로 2005년 13.6%에서 2021년 22.3%로, 면적 기준으로 5.2%에서 7.3%로 증가했죠. 가액과 면적 기준 모두에서 개인은 순매도하고 법인은 순매입했다는 것이 분명하게 드러납니다.[4] 그런데 이런 경향은 2005년 전에도 똑같았습니다. 그러니까 47년(1975-2021) 동안 기업들은 가계 부문, 즉 개인에게서 토지를 계속 사들였다는 것이죠.

개인보다 기업이 땅을 더 사랑하는 이유

여기서 다른 나라의 경우엔 기업의 토지순매입이 미미한데 우리나라만 왜 이럴까 하는 의문이 생깁니다. 대체 개인보다 기업이 더 땅을 사랑하는 이유가 뭘까요? 자금력이 풍부해서일까요? 그것은 기업의 토지 보유에 대한 부담이 개인보다 낮고 매매차익에

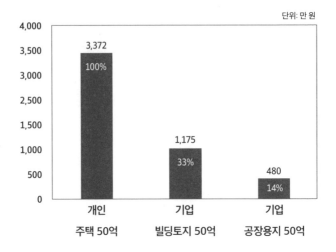

〈그림 8〉 부동산 종류별 보유세 부담 비교(2023년)

단위: 만 원

대한 환수 비율 즉, 부동산 양도소득세가 개인보다 낮기 때문입니다. 만약 기업과 가계의 토지 보유 비용과 매매차익 환수 비율이 같거나 반대면 위와 같은 수치는 불가능할 것입니다.

가계와 기업의 토지 보유 비용을 비교해보죠. 보유 비용의 다른 말은 보유세입니다.[5] 〈그림 8〉에서 확인할 수 있는 것처럼 똑같은 가격임에도 기업이 보유한 영업용 빌딩의 부속 토지는 보유세를 개인의 33.1%만, 공장용지는 개인의 13.6%만 부담합니다. 이것은 '같은 것은 같게, 다른 것은 다르게'라는 공평 과세의 원칙에 어긋나죠. 더구나 기업은 수익을 창출하는 경제 행위자여서 세금 부담 능력이 된다는 걸 생각하면 더욱 이해하기 어려운 상황입니다. 그리고 보유 부담이 적은 부동산은 높은 부동산에 비해 더 많

우리나라 기업들이 유독 땅을 사랑하는 이유

은 투기 이익, 즉 더 큰 불로소득을 기대할 수 있다는 것은 상식에 속합니다.

다른 나라도 개인이 보유한 주택보다 기업이 보유한 상업용·산업용 부동산에 특혜를 주고 있을까요? 그렇지 않습니다. 오히려 그 반대예요. 보유세의 경우 세계 다른 나라에서는 우리나라와 반대로 주거용 부동산이 저율로 과세 되는 것이 오히려 일반적입니다.[6] 예컨대 미국의 2020년 상업용 부동산의 보유세 실효세율은 1.95%이고 산업용 부동산은 1.61%이며 주택의 경우에는 1.38%입니다.[7] 또 스웨덴은 주택에는 0.75%, 아파트에는 0.4%를 적용하고 기업이 보유한 상업용 부동산과 산업용 부동산에는 각각 1.0%, 0.5%를 적용하고 있습니다.[8] 이런 경향은 영국과 호주, 프랑스 등도 마찬가지입니다.[9] 요컨대 다른 나라는 수익 활동을 하는 기업이 보유한 부동산의 보유세가 가계보다 높다는 것이죠.

매매차익에 부과하는 양도소득세도 마찬가지입니다.[10] 예를 들어 개인과 법인(기업)의 부동산 양도차익이 똑같이 50억 원 발생했다고 해봅시다. 양도소득세 일반세율을 적용할 경우 개인은 21.8억 원의 양도소득세를 부담하지만, 법인은 9.8억–12.5억 원을 부담합니다.[11] 그러니까 법인은 개인의 절반(44.9-57.2%)밖에 부담하지 않는다는 것입니다. 뒤집어 말하면 법인은 매매차익을 개인의 두 배나 더 많이 누린다는 것입니다.

다른 나라도 부동산 양도소득에 대해 기업(법인)에게 특혜를 줄까요? OECD 주요국은 양도소득세를 자본이득세라는 이름으로 부과하고 있는데, 분리해서 과세하는 나라도 있고 우리나라처럼 종합소득세 혹은 법인소득세에 포함해서 과세하는 나라도 있습니다. 그러나 우리나라처럼 개인의 경우에는 분리해서 무겁게 부과하고, 법인의 경우에는 법인세에 넣어서 가볍게 부과하는 나라는 찾아보기 어렵습니다. 즉 법인과 개인에 차별을 두지 않습니다.

우리나라의 기업은 이렇게 보유세와 양도소득세에서 개인에 비해 엄청난 특혜를 누리기 때문에, 다시 말해 더 많은 불로소득을 누릴 수 있기 때문에 개별 기업이 개인보다 더 왕성한 투기를 하는 것입니다. 이윤 추구는 나라 경제에 도움이 되고 토지 불로소득 추구는 백해무익하지만, 이는 어디까지나 사회적 관점이고 개별 기업 입장에서 이 둘 간의 구분은 무의미합니다. 개별 기업에게 토지 투기는 리스크는 낮으면서 엄청난 이익을 보장하는 '투자' 행위일 뿐이죠. 그래서 우리나라 법인의 토지순매입 비율이 다른 나라의 9배 가까이 되는 것입니다.[12]

현대자동차가 비싸게 산 땅, 10년 만에 두 배로!

현대자동차는 2014년에 경쟁입찰에 참여하여 서울 삼성동에 있는 한국전력 부지 2만 4천 평을 10.6조에 매입했습니다. 당시에 너무 비싸게 샀다는 여론이 지배적이었습니다. 지금 그 땅의 가격은 얼마나 할까요? 시가가 무려 22조 원에 달한다고 합니다. 땅값이 2배로 뛴 것이죠.[13]

현대자동차의 2022년 영업이익은 9.8조 원으로 사상 최대였다고 합니다. 전 사원이 달라붙어 기술을 개발하고 디자인의 가치를 높이고 다른 나라와 수출 경쟁해서 벌어들인 수익이 9.8조 원입니다. 그런데 현대자동차가 2014년에 산 서울 삼성동의 한국전력 부지를 지금 팔면 어떻게 될까요? 약 11조 원의 시세차익이 생깁니다. 회사 전체가 뼈 빠지게 일해서 벌어들인 노력소득보다 불로소득이 더 크다는 것이죠. 그뿐 아니라 앞으로 그 땅의 가격은 더 뛴다는 여론이 지배적이므로 만약 그렇게 되면 불로소득의 크기는 더욱 커질 것입니다.

만약 토지 불로소득이 예상되지 않았다면 현대자동차가 10.6조 원이라는 천문학적 금액으로 저 땅을 매입했을까요? 보유세도 높고 매매차익 환수 비율도 높다면 경쟁입찰에 10.6조 원이라는 큰 금액으로 베팅하지는 않았을 것입니다. 그 돈으로 연구개발에 더 많은 지출을 하려 했을 것이고, 그것은 나라 경제에도 큰 도움이 되었을 것입니다. 현대자동차는 불로소득을 얼마나 누릴 수 있을지보다 우리 회사에 정말 필요한 땅인지를 우선으로 검토했을 것입니다.

연예인들이 법인을 설립하는 이유

앞에서 우리는 부동산 양도소득세 부담이 개인보다 법인이 훨씬 낮다는 걸 확인했는데, 여기에서 우리는 연예인들이 법인을 만들어서 법인 이름으로 부동산을 매입하는 이유를 알게 됩니다. 시세차익인 불로소득을 훨씬 더 많이 누릴 수 있기 때문이죠.

한 기사에 따르면 유명 연예인 유아인 씨는 2016년에 자신의 법인 회사 '유컴퍼니 유한회사'를 이용하여 58억 원을 주고 지하 1층과 지상 3층으로 이루어진 저택을 샀는데, 지금은 80억 원이 된다고 합니다.[14] 지금 매각하면 20억 원 이상의 매매차익이 발생하는 것이지요. 그룹 세븐틴의 도겸도 2021년 11월에 서울 강남구 신사동 소재 지상 5층 빌딩을 68억 5천만 원에 사들였는데, 이를 위해 자신의 이름으로 된 법인을 설립했다고 합니다.[15] 매각하면 양도소득세를 내야 하는데, 법인은 개인의 절반 정도만 양도소득세를 부담하니 큰돈을 번 연예인들이 법인을 설립할 유인은 상당합니다. 법인을 설립하지 않는 것이 오히려 이상한 것이죠.

지금까지 살펴본 것처럼 우리나라 기업(법인)의 토지 투기는 심각합니다. 경영혁신과 기술개발에 몰두해야 할 기업이 비생산적 경제활동인 토지 투기에 엄청난 자금을 쏟아붓는 것은 경제 전체에 부정적 영향을 미칩니다. 지난 40년 이상 가계는 토지를 순매도하고 기업은 순매입을 보여왔는데, 이런 현상은 OECD 국가들에서 찾아볼 수 없습니다.

기업이 토지 투기에 엄청난 자금을 쏟아붓는 이유는 기대수익률이 높기 때문이에요. 토지의 기대수익률에 가장 큰 영향을 미치는 것이 보유세와 양도소득세인데, 개인과 비교해 기업은 보유세와 양도소득세에서 특혜를 받아왔습니다. 부동산 가액이 똑같아도 보유세의 경우 법인은 개인의 1/10-1/4밖에 부담하지 않고 양도소득세는 절반 정도만 부담합니다. 이런 까닭에 돈 많은 개인들도 법인을 만들어 부동산을 보유하고 거래하는 것입니다.

맨 앞에서 소개한 중소기업 사장의 고백으로 돌아가보죠. 중소기업의 사장이 돈을 많이 벌려면 경영혁신과 기술개발밖에 없다고 고백하도록 하려면 어떻게 해야 할까요? 토지를 보유하고 처분하는 데에서 이익이 크게 나지 않도록 하면 되지 않을까요?

우리는 늘 생각해야 합니다. 개인이든 기업이든, 아니면 연예인이 만든 법인이든 거의 대다수 경제주체는 나라 경제 전체에 도움이 되는 방향에서 경제행위를 하는 것이 아니라, 주어진 법과 제도하에서 더 많은 이익을 남길 수 있는 방법을 찾는다는 것을요. 그러므로 중요한 것은 개별 경제주체의 경제행위가 나라 경제 전체에 도움이 되도록 제도를 만드는 일입니다.

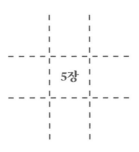

5장

벼락거지와 벼락부자,
그리고 부동산

　로또 1등 당첨자의 실수령액은 최저 3억 원에서 평균 13억 원 정도입니다. 최근 10년 사이 서울에 집을 사거나 분양받은 사람의 상당수는 로또 1등에 해당하는 경제적 이득을 얻었습니다. 로또는 복권을 산 사람들 중에서만 이익과 손해가 나뉘지만, 이 부동산이라는 시장은 전 국민이 참여하는 시장입니다. 로또 당첨만큼 이득을 본 유주택자가 있으면 그만큼 손해를 보게 된 사람들이 생긴다는 것이죠.

　2020-2021년 코로나19 대유행의 시기에 넘치는 유동성으로 일어난 부동산 가격 급등은 '벼락거지'라는 신조어를 만들어냈습

니다. 몇 년 사이에 집 산 사람과 안 산 사람의 자산 격차가 평생을 저축해도 모으기 힘들 만큼 벌어졌기 때문이죠. 분양받거나 매입한 아파트가 불과 5년여 만에 10억 원이 오른 경우도 부지기수인데, 10억 원을 모으기 위해서는 한 달에 100만 원을 저축할 경우 100년을 모아야 하고, 한 달에 200만 원 저축할 경우 50년을 모아야 하기 때문입니다. 사실상 중산층이 평생 모아도 모으기 어려운 금액입니다. 평범한 사람이 평생 일해도 모을 수 없는 돈을 단 몇 년 만에 집값이 올라 벌 수 있었다는 것입니다.

모든 사람이 참여할 수밖에 없는 부동산 시장에서 집값 상승은 유주택자를 더 부유하게 하고 무주택자를 더 가난하게 만들기에 '벼락거지'라는 말은 적확한 표현입니다. 당시 많은 사람이 벼락거지를 면하기 위해, 한편으로는 벼락부자가 되고자 하는 욕망으로 영혼까지 끌어모아 무리한 대출을 일으켜 주택 매수 대열에 동참하고 그럴 여력이 안 되는 사람들은 주식과 가상화폐 투자로 몰려갔습니다.

그런데 이런 대열에 동참하지 못하고 벼락거지가 된 사람 중에는 이로 인해 심각한 가정불화를 겪은 경우도 있습니다. 심지어 2020년 11월에는 당시 전세로 살던 집을 과거에 매입하지 않았다는 이유로 다투다가 결국 남편이 아내를 살해하고 자신도 투신자살하는 사건이 벌어졌습니다. 과거에 집을 샀다면 앉아서 수억 원을 벌거나 적어도 집 걱정 없이 살 수 있었는데, 매입 시기를 한

번 놓친 죄로 내 집 마련의 꿈은 멀어지고 벼락거지가 되고 가정과 생명까지 파탄이 나버린 것입니다.

불평등의 주범인 부동산 소득

이제 좀 차분하게 부동산이 정말 불평등의 주범인지 살펴보겠습니다. 부동산에서 발생하는 소득에는 가격 상승으로 인한 소득과 임대소득이 있습니다. 가격 상승으로 인한 소득은 결과적으로 무주택자의 소득이 유주택자에게 옮겨지는 결과를 낳고 임대소득 또한 전·월세 세입자의 소득이 유주택자에게 옮겨지는 결과를 낳습니다.

〈그림 9〉는 이러한 부동산 소득이 가구소득 불평등도(지니계수)에 몇 퍼센트의 영향을 미치는지를 나타낸 것입니다.[1] 여기서 부동산 소득은 가격 상승분(잠재자본이득)에 더해 실제 임대소득과 자가 보유 가구의 귀속 임대소득까지[2] 포함한 소득을 의미합니다. 그래프를 보면 2020-2021년 기간에는 부동산에서 발생한 소득이 무려 50%를 넘어 임금소득보다 불평등에 더 크게 기여한 것으로 나타납니다. 심지어 임금소득과 사업소득을 합한 것보다도 크게 나타납니다. 왜 이런 결과가 생겼을까요?

부동산 소득과 임금소득의 양이 같다고 하더라도, 앞에서 살

벼락거지와 벼락부자, 그리고 부동산

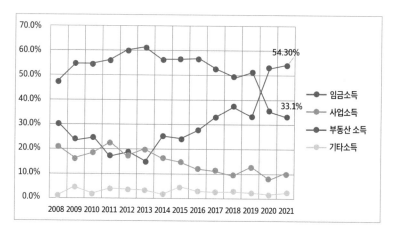

〈그림 9〉 소득 원천별 불평등 기여도 추이(2008-2021년)

* 자료: 재정 패널 조사 각 연도.

펴본 것처럼 부동산 소유 불평등이 워낙 심하기 때문에 부동산에서 발생하는 소득은 불평등하게 분배될 수밖에 없고, 결과적으로 부동산이 전체 불평등에 미치는 영향(기여도)은 더 커지게 됩니다. 그리고 부동산 가격이 급등한 2020-2021년에는 부동산 소득이 땀 흘려 일한 소득(임금소득+사업소득)보다 소득 불평등에 더 크게 영향을 끼쳤습니다. 부동산 가격이 많이 오르면 소득 불평등에 대한 부동산 기여도가 커진다는 것인데, 이것은 우리가 느끼는 것을 그대로 보여줍니다. 이런 국면에서 벼락거지와 벼락부자가 탄생한 것이죠. 반면 상대적으로 부동산 가격이 안정되었던 2011-2013년에는 부동산의 불평등 기여도가 낮았습니다.

지금까지 우리는 부동산에서 발생하는 소득이 가계의 소득 불평등을 얼마나 심화시키는지 살펴보았습니다. 부동산은 가계 소득 불평등의 주범입니다. 부동산 가격이 폭등하면 더욱 실감하게 되죠. 그런데 앞에서도 말했지만 부동산이 초래한 불평등이 가지는 문제의 본질은 그 자체가 부당하다는 것입니다. 부동산 소유자가 열심히 노력해서, 즉 생산적 경제활동으로 인해 불평등이 커진 것이 아니라는 것입니다. 부동산에서 발생하는 소득의 대부분은 불로소득, 즉 결국 타인의 소득을 가로챈 것입니다. 이런 까닭에 부동산 불로소득은 건강한 근로 의욕에 찬물을 끼얹고 사회 갈등을 유발합니다. 자살과 이혼 등의 급증으로 사회 불안도 더욱 커지게 되고요.

2부

토지를
배당한다는
'황당한'
구상

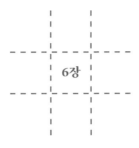

6장

부동산 투기 차단의 특효약: 보유세 강화

우리는 앞에서 2022년 개인의 토지 소유 지니계수가 가격 기준으로 0.810이라는 걸 확인했습니다. 면적 기준으론 0.9를 넘어서 무려 0.916입니다. 국민 절대다수가 소작농이었던 시대, 초근목피로 연명했던 해방 직후의 지니계수가 0.73이니 그때보다 토지 소유 불평등이 더 심해진 것입니다. 15년간(2007-2021) 부동산 불로소득이 GDP 평균 17.0%(2021년 461.6조 원)에 이른다는 것, 그리고 부동산이 소득 불평등의 주범이라는 점도 확인했습니다.

불로소득 크기에 가장 큰 영향을 주는 보유세

구체적으로 해법을 논의하기 전에 부동산 투기의 핵심이 불로소득에 있다는 점을 다시 한번 분명히 할 필요가 있습니다. 집을 일곱 채 가진 사람을 생각해봅시다. 거주용 주택은 하나로 족한데 왜 여섯 채를 더 소유하고 있을까요? 일주일 내내 집을 바꿔가며 살려고 하는 걸까요? 아닙니다. 우린 그 이유를 알고 있지요. 은행에 예금하는 것보다, 주식을 사두는 것보다 더 많은 이익이 예상되기 때문이라는 것을요. 반면에 일곱 대의 자동차를 소유한 사람은 다른 곳에 투자했을 때 기대되는 수익보다 높아서 여러 대의 자동차를 소유하는 것이 아닙니다. 왜냐하면 시간이 지나면 자동차값이 떨어지기 때문이죠. 한마디로 말해서 돈이 안 됩니다. 일곱 대의 자동차 소유는 독특한 '취향' 때문입니다.

그러나 주택, 정확히 말해서 토지는 다릅니다. 내가 사용하지 않아도 빌려주면 꾸준히 오르는 임대료가 생기고[1] 살 때보다 비싼 값에 팔아 시세차익을 누릴 수 있습니다. 그런데 이런 불로소득이 생기지 않으면, 돈이 되지 않으면, 다시 말해 토지 가격이 여간해서 오르지 않으면 어떨까요? 사람들은 꼭 필요한 부동산만 보유하려고 할 거예요. 생각해보세요. 매매차익도 별로 안 생기고 타인에게 빌려줘도 다른 자산에 투자했을 때의 수익률과 비슷하면 사용하지 않을 부동산을 굳이 보유할 필요가 있을까요? 물어

보나 마나입니다.

보유세가 가장 중요한 이유는 이 세금이 불로소득 규모에 가장 큰 영향을 주기 때문입니다. 부동산으로 얻을 수 있는 수익 규모에 가장 큰 영향을 끼치는 것이 보유세라는 말이지요. 왜 그런지 좀 더 자세히 설명해보겠습니다.

우리가 알고 있듯이 어떤 자산에서 발생하는 소득은 그 자산에서 얻을 수 있는 수입에서 그 자산을 운용하는 데 들어가는 지출의 차, 즉 '수입-비용'입니다. 그러면 부동산을 통해서 얻을 수 있는 수입은 무엇인가요? 그것은 보유하는 동안의 임대소득과[2] 시장에 내다 팔 때 수입의 합입니다. 그러면 여기서 비용은 무엇일까요? 부동산을 사들일 때 들어가는 매입가와 보유 기간 동안의 이자죠. 물론 자기 돈으로 부동산을 매입한 사람은 이자가 발생하지 않습니다. 그러나 부동산을 매입했다는 것은 그 돈을 다른 곳에 투자했을 때 얻을 수 있는 이익을 포기한 것이기 때문에 매입가의 이자는 '비용'이 됩니다. 이것을 식으로 나타내면 다음과 같아요.

부동산 불로소득＝수입-비용

＝(매각가액＋보유 기간의 임대소득)-(매입가액＋매입가액의 이자)

＝(보유 기간의 임대소득-매입가액의 이자)＋(매각가액-매입가액)

＝이자를 공제한 임대소득＋매매차익

보유세를 강화하면 불로소득이 줄어드는 원리

만약 해마다 부과하는 보유세를 강화하면 어떻게 될까요? 부동산 보유자는 보유 비용이 증가하는 것이니 결국 누리는 임대소득의 규모가 줄어들게 됩니다. 여기서 흥미로운 것은 이렇게 되면 매각가액이 매입가액에 근접한다는 점입니다. 다시 말해서 보유세를 충분히 강화하면 매매차익이 거의 발생하지 않을 수도 있다는 것이죠.

좀 더 쉽게 설명해보겠습니다. 어떤 사람이 은행에서 10억 원을 연 2%로 대출받아서 부동산을 매입해 임대했다고 가정해봅시다. 이 사람이 이렇게 한 이유는 최소한 다른 데 투자했을 때보다 부동산으로 더 많은 수입을 올릴 수 있다고 생각하기 때문입니다. 이 사람에게 비용은 매입가액 10억 원과 매년 발생하는 이자 2천만 원입니다. 여기에 매년 건물 관리에 200만 원이라는 비용도 발생한다고 합시다. 부동산 수입은 보통 임대 가치가 최소 연 3%가 넘는다는 걸 가정해서 최소한으로 잡아 연 3천만 원의 수입이 생긴다고 합시다.

이렇게 되면 매년 생기는 소득은 800만 원(3,000-2,000-200)입니다.[3] 그러나 인구가 증가하고 경제가 성장하거나 매입한 부동산의 위치가 좋아지면 재계약을 할 때 임대료를 올려 받을 수 있으므로 임대소득은 계속 증가합니다. 예를 들어 2년 후에는 5% 인상해서 950만 원(3,150-2,000-200)이 생길 수 있습니다. 이런 흐름을 시장이 당연하게 받아들이면 부동산 가격은 어떻게 될까요? 10억 원을 넘어 계속 오르게 되겠죠. 가격이 오르는 이유는 그 부동산을 소유하고 있으면 임대수입이 계속 커지기 때문입니다.

바로 여기에 보유세가 부과되면 어떻게 될까요? 임대소득이 줄어듭니다. 방금 말했듯이 보유세는 소유자에겐 비용이기 때문입니다. 비용이 증가하면 소득이 줄어드는 것은 정한 이치죠. 그런데 보유세를 대폭 강화하면 어떤 일이 일어날까요? 비용이 증가해 임대수입이 줄어들어서 은행 이자, 즉 2천만 원에 근접하면 부동산 가격은 10억 원에 가깝게 됩니다. 어떤 자산을 소유하고 있는데 그 자산에서 매년 2천만 원의 수입이 생기고 은행 이자가 2%라고 한다면 그 자산의 가격은 10억 원이 됩니다. 이는 역으로 10억 원을 은행에 넣어 놓으면 매년 2천만 원의 이자 수입이 생긴다고 생각하면 이해하기 쉽습니다. 이렇게 보유세와 유지관리비를 제하고 남은 소득이 2천만 원이면 건물을 소유할 이유가 줄어들겠죠. 10억 원을 은행에서 빌리면 2천만 원 이자를 부담해야 하니 남는 것이 없기 때문입니다. 현금 10억 원이 있는 사람도 굳이 건물을 보유하려 하지 않을 겁니다. 은행에 넣어 놓아도 매년 2천만 원 수입이 생기기 때문이죠. 매년 건물에서 2천만 원이 생기나 은행 예금으로 이자 2천만 원이 생기나 똑같기 때문입니다. 보유세의 이런 원리 때문에 보유세 강화가 임대소득을 '환수'하고 매매차익을 '차단'한다고 하는 것입니다.

그런데 혹자는 매매차익에 부과하는 양도소득세(이하 양도세)를 대폭 강화해 매매차익을 환수하는 것이 간편하지 않겠냐고 생각할 수 있습니다. 그러나 양도세는 소유자가 보유 부동산의 매각을 꺼리게 만들어 거래를 위축시키는 부작용을 낳습니다. 양도세율이 높아 매매차익을 누리지 못하니 차라리 보유하고 있다가 지금까지 그래왔듯이 정권이 바뀌어 양도세를 완화하면 그때 판다는 전략이죠. 시장에 활기가 넘치게 하려면 필요한 사람은 쉽게 사고 불필요한 사람은 빨리 팔 수 있어야 하는데, 양도세 강화는 이것에 거스릅니다. 그리고 부동산 가격이 상승하는 투기 국면에서는 파는 사람의 힘이 세기 때문에 양도세 부담을 사는 사람에게 떠넘겨서 가격 상승이 가속화되는 부작용을 낳기도 합니다.

반면 보유세 강화는 양도세처럼 거래를 위축시키는 부작용을 낳지도 않고, 여간해서 다른 사람에게 세금을 떠넘기기도 어려우며, 소유한 부동산을 놀리거나 방치하지 않고 효율적으로 사용하도록 유도하고, 불필요하면 신속하게 처분하도록 유도합니다.

보유세 강화한 문재인 정부에서 폭등한 집값

그런데 이상한 것이 하나 있습니다. 보유세를 강화하면 부동산 가격이 최소한 오르지 않아야 하는데, 취임 당시 2017년 0.15%인 보유세 실효세율을 2021년 0.19%로 강화한 문재인 정부에서 집값이 천정부지로 뛰었으니 말입니다. 이런 걸 경험하면서 사람들은 이론과 현실은 다르다고 할 것입니다. 나아가서 학자들은 현실을 모른다고 비난할 수도 있고요.

일리 있는 주장과 비판입니다. 그러나 보유세 강화가 앞서 설명한 대로 효과를 거두기 위해서는 다른 경제 변수는 그대로여야 합니다. 대표적 변수인 은행 이자율에 변동이 없어야 합니다. 그런데 문재인 정부에서는 코로나19로 인해 1.75%였던 기준금리를 2019년 7월부터 1.5%, 2019년 10월 1.25%, 2020년 3월 0.75%, 2020년 5월 0.5%로 단계적으로 계속 인하했고, 0.5%의 기준금리를 무려 2021년 8월까지 지속시켰습니다. 0.5% 금리는 정부 수립 이후 가장 낮은 금리입니다. 금리는 돈을 빌리는 가격입니다. 돈값이 싸니까 너도나도 돈을 빌려서 자산, 특히 주택을 너도나도 샀기 때문에, 다시 말해서 투기 수요가 폭발했기 때문에 집값이 계속 오른 것입니다.

금리가 부동산 가격에 영향을 미친다는 반대의 증거도 있습니다. 문재인 정부의 보유세 강화 대책은 2018년 9월에 나왔습니다. 그리고 그해 11월에 한국은행은 1.5%였던 기준금리를 1.75%로 올립니다. 돈 빌리는 가격이 좀 더 비싸진 것입니다. 보유세 강화로 보유 부담이 늘고 돈 빌리는 부담도 높아진 것이죠. 이때 집값은 떨어졌습니다. 그러다가 2019년 7월 기준금리를 내리기 시작하면서 집값은 다시 오르기 시작했죠.

이런 현상은 전 세계 모든 나라에서 나타났습니다. 모든 나라에서 코로나19로 인한 저금리 기조로 인해 무진장 돈이 풀리게 되니까 자산, 그중에서 부동산 가격이 더욱 올랐습니다. 부동산의 기대수익률이 다른 자산보다 더 높았으니까요.

그런데 우리나라의 집값을 끌어올리는 데 영향을 준 변수가 하나 더 있습니다. 바로 전세대출입니다. 금리가 낮고 돈이 많이 풀리는 국면에서는 집값의 20-30%만 대출을 받아도 집을 살 수 있습니다. 전세가가 집값의 70-80%가 되니 전세를 끼고 집을 사면 집값의 20-30%만 있어도 되기 때문이지요. 그래서 문재인 정부는 2018년 9월 13일 대책에서 다주택자에 대한 대출 금지를 발표했습니다. 그리고 2019년 12월 19일에는 15억 원 이상 주택에 대한 대출을 아예 금지하고 9억 원 이상 분양주택에 대해서는 대출받기 어려운 매우 강력한 정책을 도입했습니다.[4]

그러나 이런 금융정책은 전세대출 확대 앞에서 무력합니다. 문재인 정부는 세입자들에게 저리로 전세가의 80%까지 대출을 가능하게 해주었는데, 이것이 집값 상승의 중요한 원인이 된 것입니다. 2012년 24.2조 원이었던 전세대출 잔액은 2021년 180조 원까지 늘어났고,[5] 이로 인해 전세가도 계속 올라갔습니다. 다시 말해서 전세가와 매매가의 차이가 얼마 되지 않으니 집값의 10-

부동산 투기 차단의 특효약: 보유세 강화

20%도 안 되는 돈으로, 심지어 한 푼도 들이지 않고도 집을 살 수 있었습니다.

다주택자에게 세입자의 전세대출은 무이자 대출과 똑같습니다. 그런데 이자는 집주인이 아니라 세입자가 냅니다. 전세대출 확대는 한마디로 말해서 다주택자에게 투기판을 깔아준 것과도 같습니다. 다주택자 대출을 금지하고 고가주택에 대한 대출을 억제해도 전세대출 확대라는 새로운 문을 열어줬기 때문에 문재인 정부 시기에 집값이 천정부지로 올라간 것입니다. 전세는 우리나라에만 있는 제도입니다. 따라서 다른 나라와 달리 우리나라는 전세대출 증가로 인해 집값이 폭등한 것입니다. 그러나 금리가 일정하게 유지된 상태에서 보유세가 강화되면, 그리고 전세대출도 확대하지 않는다면 보유 부담 때문에 부동산 가격은 하락할 수밖에 없습니다. 또 금리가 내려가도 보유세가 강화되면 최소한 가격의 급상승은 막을 수 있죠.

토지보유세가 가장 좋은 세금[6]

보유세가 이런 효과를 발휘하려면 토지보유세는 토지를 소유한 사람이 부담해야 합니다. 다른 사람토지를 소유한 사람이 토지보유세를 반감되거나 사라지겠죠. 토지보유세가 떠넘길 수 없는 세금이라는 점은 보유세 효과와 관련해서 설명되어야 할 중요한 주제입니다. 일반적으로 우리는 떠넘길 수 없는 세금이 어디 있냐고 생각하기 때문입니다. 그래서 아래에서 이것을 자세히 검토해 봅니다.

먼저 이 문제에 관한 경제학 대가들의 생각을 들어보겠습니다. 경제학의 시조 격인 애덤 스미스와 데이비드 리카도David Ricardo는 다음과 같이 말합니다.

> 이 조세(토지보유세-인용자)는 생산물의 양을 감소시키는 경향은 없기 때문에 가격을 인상시키는 경향을 가질 수 없다. 이 조세는 국민들의 근면을 해치지 않으며 납세하는 불가피한 불편 이외에는 지주에게 일체 불편을 끼치지 않는다.[7]

> 지대에 대한 조세는 지대에만 영향을 미칠 것이다. 그것은 전적으로 지주들이 부담할 것이며 또 어떤 부류의 소비자들에게도 전가될 수 없을 것이다.[8]

세금이 자유로운 선택을 방해한다는 이유를 들어 반대했던 학자, 《선택할 자유》라는 책을 썼고 노벨 경제학상까지 받았던 밀턴 프리드먼Milton Friedman도 다음과 같이 말합니다.

어느 것이 가장 덜 나쁜 세금일까? 내 생각에, 가장 덜 나쁜 조
세는 미개량 토지가치에 부과하는 재산세이다. 그것은 오래전
에 헨리 조지가 주장했던 것이다.[9]

여기서 "가장 덜 나쁜 세금"이라는 것은 결국 '가장 좋은 세금'
이라는 뜻입니다. 왜냐하면 프리드먼은 모든 세금을 싫어했기 때
문입니다. 프리드먼이 이렇게 말한 까닭은 바로 토지보유세는 떠
넘기기가 불가능하기 때문이에요. 그리고 토지보유세는 경제 효
율성에 도움을 주기까지 합니다. 경제를 왜곡시키는 토지 투기가
줄어들고 토지를 최선으로 사용하도록 유도하기 때문이죠. 이런
이유로 2001년 노벨 경제학상을 받은 스티글리츠Joseph E. Stiglitz도
다음과 같은 말을 한 것입니다.

모든 종류의 지대에 높은 세금을 매기면 불평등을 완화할 뿐 아
니라, 경제와 민주주의를 왜곡시키는 지대 추구 행위에 가담하
려는 유인을 줄인다. 우파는 모든 세금이 왜곡을 낳는다고 주장
하지만, 그것은 사실이 아니다. 지대에 대한 과세는 경제의 효
율성을 증진시킨다.[10]

토지보유세를 떠넘기는 것이 불가능한 이유

대가들이 이렇게 말한 이유가 뭘까요? 세금 떠넘기기는 가격에 따라서 수요량과 공급량을 조절할 수 있는 재화에서나 가능하기 때문입니다. 예를 들어 연필을 생산할 때마다 세금을 부과한다고 해보죠. 그러면 이 연필 생산업체는 이윤감소에 직면하게 되고 결과적으로 연필생산을 줄입니다. 이렇게 공급이 줄면 가격이 올라가게 되어 연필 소비자들은 평소보다 더 비싼 가격에 연필을 사게 됩니다. 이렇듯 일반 물자에 부과하는 세금은 결국 공급자와 수요자가 나눠서 부담하게 됩니다. 그러면 연필 생산자와 소비자 중 누가 세금을 많이 부담할까요? 가격 변화에 민감한 쪽이 덜 부담하게 됩니다. 만약 연필 소비자들이 연필의 가격 변화에 민감하다면, 즉 가격이 조금만 올라도 연필이 아닌 다른 필기구를 산다면 연필 생산업체가 더 많은 세금을 부담하게 된다는 것이죠.

그러나 토지는 가격에 따라 그 양을 조절할 수 없기에, 경제학 용어로 설명하면 토지는 공급이 완전 비탄력적이기에 토지보유세를 부과하면 토지 소유자가 부담할 수밖에 없습니다. 아무리 토지보유세를 높여도 대한민국 토지는 한 뼘도 줄어들지 않습니다. 즉 공급을 줄일 수 없습니다.

하지만 토지 공급이 완전 비탄력적이라는 데에 반론을 제기하는 사람도 많습니다. 산을 개간해서 밭을 만들면 농지가 더 많아지고, 농지를 택지로 전환하면 집 지을 땅이 증가하는데 공급량이 고정되었다는 건 말이 안 된다는 것이죠. 또 개인의 관점에서 보면 토지의 공급이 유한하다는 것도 이해가 가지 않습니다. 돈만 있으면 각 개인은 얼마든 토지를 사서 양을 늘릴 수 있으니까요.[11] 그리고 태안반도나 새만금처럼 간척사업을 하면 토지의 총량이 늘어나기도 하니까요.[12]

그러나 용도가 전환된 토지는 특정 지역의 토지와는 전혀 다르다는 것을 이해할 필요가 있습니다. 인간이 만든 재화의 가치는 서울에 있으나 부산에 있으나 같지만, 서울의 토지와 부산의 토지는 전혀 다릅니다. 서울에서 강남의 토지와 강북의 토지도 다릅니다. 강남에서 방배동의 토지와 압구정동의 토지도 역시 다르죠. 토지의 가치는 '위치'가 결정하기 때문입니다.[13] 이에 대해 혹자는 도시 용지라는 관점에서 보면 공급이 늘었다고 주장할 수 있습니다. 그러나 토지 전체에서 보면 공급량은 고정되어 있습니다. 농지가 줄어든 만큼 도시 용지가 늘어났기 때문입니다. 그런 까닭에 토지보유세는 떠넘기기가 불가능한 것입니다.

그런데도 '이론은 그렇다고 하더라도 현실에서 떠넘기지 못하는 세금이 어디 있겠어!'라고 생각할 수 있죠. 과연 그런지 살펴볼게요. 우선 토지 소유자와 토지 사용자가 같은 경우를 생각해보겠습니다. 이 경우에 토지보유세를 부과하면 토지 소유자가 토지 사용자에게 보유세를 떠넘긴다는 말은 의미가 없습니다. 당연히 토지 소유자가 보유세를 부담합니다. 그러면 두 번째로 소유자와 사용자가 다를 경우, 즉 사용자가 소유자에게 임대료를 내고 사용하고 있는 경우를 생각해보죠. 이 경우 토지 소유자가 토지보유세만큼 토지 사용자에게 임대료를 올려 받을 수 있을까요? 그럴 수 없습니다. 만약 받을 수 있다면, 자기 토지를 직접 사용하는 사람은 토지보유세만큼 손해가 됩니다. 자기 토지를 사용하는 사람이 손해를 안 보려면 노동의 결과인 생산물 가격에 토지보유세를 얹어서 팔아야 하는데, 이것도 가능하지 않은 일이고요. 왜냐하면 시장에서 생산자는 가격 결정자price setter가 아니라 가격 수용자price taker이기 때문입니다. 만약 생산물 가격에 토지보유세를 반영시키면 가격 경쟁에서 불리해집니다. 잘 팔리지 않게 되고 결국 그 가격은 내릴 수밖에 없게 되죠. 마지막으로 남은 것은 토지 사용자가 부과되는 토지보유세만큼 피고용인의 임금을 깎는 것인데, 임금이라는 시장의 가격도 토지 사용자가 마음대로 결정할 수 있는 것이 아닙니다. 이런 원리가 작동하는 까닭에 만약 토지 소유자가 토지 사용자에게 보유세를 떠넘기면 토지 사용자는 사용을 포기하고 다른 곳으로 이전하려고 할 것입니다.

결론적으로 토지보유세를 강화하면, 그것을 토지 소유자가 부담하므로 토지 투기가 노리는 이익, 즉 임대소득과 매매차익의 규모가 줄어듭니다. 부동산으로 누릴 수 있는 불로소득이 환수·차단됩니다. 이런 이유로 토지보유세 강화가 부동산 투기를 차단하

부동산 투기 차단의 특효약: 보유세 강화

고 불평등을 해소하는 데 특효약이라고 하는 것입니다. 이런 주장은 시장을 극복의 대상으로 삼는 마르크스가 한 말이 아니라 시장주의자의 거두인 밀턴 프리드먼이 한 말이라는 점을 다시 한번 강조합니다. 세금 떠넘기기가 불가능하기 때문에 불평등 해소와 같은 긍정적 효과를 발휘하는 것입니다.

물론 현실에서의 시장은 토지 또는 상품의 독과점이 존재하므로 토지보유세를 얼마간 떠넘길 수 있습니다. 토지 사용자 겸 토지 소유자가 토지생산물 시장에서 힘이 세다면 일부를 수요자에게 떠넘기는 것이 가능할 수 있지요. 물론 가격이 오르면 수요가 줄어서 이윤도 줄겠지만, 토지보유세를 모두 떠안는 것보다 낫다고 판단하면 토지보유세를 어느 정도 떠넘길 것입니다. 또 하나는 토지 소유자와 사용자가 다른 경우인데, 이때에도 토지 소유자의 힘이 클 경우 사용자에게 토지보유세의 일부를 떠넘길 수 있습니다. 사용자가 토지보유세 떠넘기기를 피하는 방법은 토지 사용을 포기하고 떠나는 것밖에 없는데, 이전 비용도 만만치 않고 이전 가능한 곳도 토지 소유자가 동일하다면 사용자는 결국 토지보유세의 일부를 떠안을 것입니다. 요약하면 토지 소유자의 시장 장악력이 얼마만큼 크냐에 따라서 떠넘기기의 정도가 결정된다고 할 수 있습니다.

그러나 중요한 것은 토지보유세 강화가 토지 소유자의 시장 장악력을 떨어뜨린다는 것입니다. 당장 토지보유세가 강화된다고 생각해보세요. 그리고 강화된 보유세가 계속 유지된다고 가정해 보십시오. 토지 보유에 부담을 느낀 토지 소유자들은 토지를 시장에 내다 팔려고 할 것입니다. 그리고 그 땅은 필요한 사람, 즉 토지보유세를 부담하고도 충분히 효율적으로 사용할 사람이 사들일 것입니다. 이렇게 토지 독점이 줄어들면 결국 토지보유세 떠넘기기는 불가능에 가까울 것입니다.[14]

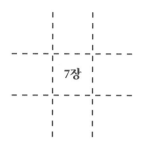

힘들고 어려운
토지보유세 강화

여기까지 읽은 독자라면 틀림없이 이런 생각을 할 것입니다. '아, 대한민국의 가장 골치 아픈 질병인 부동산 투기를 해결하기 위해서는 토지보유세 강화가 꼭 필요하구나.' 절대로 옳은 말입니다. 더구나 경제학의 대가들이 이구동성異口同聲이니 말입니다. 진영과 이념을 떠나서 경제학에서 이렇게 폭넓게 지지받는 이론이나 정책대안은 없습니다. 그런데 그게 쉽지 않습니다. 이유가 뭘까요? 대한민국 토지보유세의 역사를 보면 그 이유를 알 수 있습니다.

토지보유세 강화가 실현되지 않은 이유

우리나라의 토지보유세 강화를 위한 최초 시도는 1973년 3월로 거슬러 올라갑니다. 1970년대 초 경부고속도로 건설과 영동지구(강남) 개발, 그리고 중화학공업화 정책 추진으로 포항·울산·마산 등을 개발했는데, 이런 일련의 과정으로 전국적으로 토지 투기가 일어나자 이에 대한 방안으로 토지보유세 강화가 제출된 것이죠. 그러나 당시 보유세 강화의 대상은 모든 토지가 아니라 일부토지였습니다. 기업의 비업무용 토지, 별장과 골프장 같은 사치성 토지를 다량으로 보유한 것은 투기 목적이므로 보유를 억제하겠다는 것이 핵심입니다.[1]

그러나 여기에는 두 가지 문제가 있었습니다. 하나는 공시지가가 실제 시장가격보다 너무 낮다는 것입니다. 예를 들어 시장에서 거래되는 가격은 10만 원인데, 세금 부과할 때 사용하는 공시지가는 1만 원인 것입니다. 세율을 높여도 소용이 없는 것이죠. 그뿐이 아닙니다. 비업무용 토지라는 기준도 모호합니다. 비업무용 토지라는 것은 말 그대로 사업에 사용하지 않는 토지로 이해되지만, 실제로 업무용/비업무용 구분은 쉽지 않습니다. 업무용임을 입증하기 위해 허름한 창고를 지어놓는 경우도 허다하고요. 또 전국토에서 별장과 골프장 토지의 규모는 매우 적습니다. 당연히 전체 토지에서 보유세 중과 대상 토지의 비중이 미미할 수밖에 없고

힘들고 어려운 토지보유세 강화

제대로 된 효과를 거두기가 어려웠습니다. 그 후에 몇 차례 보유세를 강화했지만 주목할 만한 일은 아니었습니다.

1980년대 들어서 획기적인 보유세 강화라고 할 수 있는 것은 1986년 '토지과다보유세' 도입입니다. 읍 단위 이상의 도시계획구역 내 개인이 보유한 공한지(놀리는 땅)와 회사가 보유한 비업무용 토지를 개인·법인별로 합산해서 부과하는 것이 '토지과다보유세'의 내용인데, 여기서 중요한 것은 개인이든 법인이든 보유한 토지 전체를 합산했다는 점입니다. 그 이전까지는 토지별, 즉 물건별로 보유세를 부과했습니다. 그런데 가지고 있는 땅을 모두 합산해서 누진적으로 과세하니 토지를 많이 보유한 개인이나 회사는 부담이 커질 수밖에 없었습니다. 여기까지만 보면 투기 차단 효과를 발휘할 것 같습니다.

그러나 토지과다보유세의 대상은 전 국토의 1%도 안 될 정도로 과세 대상의 규모가 미미했습니다. 그래서 보유세 강화가 가져올 효과인 투기 차단과 소유 편중 완화라는 목표를 달성할 수 없었습니다.[2]

노태우·김영삼·김대중 정부에서도 용두사미

일부 토지에 토지보유세를 부과하는 것만으로 투기를 막을 수 없다는 걸 경험한 정부는 이제 토지를 과다하게 보유한 자만이 아니라 토지보유자 전체에게 보유세를 강화하는 구상을 합니다. 바로 1989년 12월에 도입된 종합토지세입니다. 이른바 3저 호황과 올림픽 특수로 1980년대 말 전국적으로 토지 투기가 기승을 부리자 토지공개념에 대한 요구가 비등했고 정치권은 이를 외면할 수 없었죠. 당시 여당인 민정당은 일부 토지에 적용하는 준조세 성격의 토지공개념 3법, 즉 택지소유상한제, 토지초과이득세, 개발부담금제를 도입하고, 모든 토지에 적용하는 토지보유세인 종합토지세를 도입하기에 이릅니다. 좀 더 풀어 설명하면, 택지소유상한제를 통해 택지를 과도하게 소유하지 못하도록 하고, 개발부담금제를 통해 개발지역 내의 땅값 상승분을 환수하고, 토지초과이득세를 통해 개발지역 인근의 땅값 상승분을 환수하겠다는 것입니다. 그리고 거기에 더해 모든 토지에 보유세를 강화하여 망국적 토지 투기를 차단하겠다는 것이었습니다. 종합토지세는 우리나라 모든 토지에 토지보유세를 강화한 최초의 시도라고 할 수 있습니다.

'종합토지세', 말만 들어보면 모든 토지를 종합해서 보유세를 부과하겠다는 것으로 보입니다. 그렇다면 개인은 개인별로, 회사는 회사별로 보유한 모든 토지를 합산해서 보유세를 부담시켜야 합니다. 만약 개인 홍길동에게 자기 집과 건물과 농지가 있으면, 집이 깔고 있는 땅과 건물이 깔고 있는 땅, 그리고 농지 세 가지를

힘들고 어려운 토지보유세 강화

모두 합해서 세금을 부과해야 한다는 것이죠. 그런데 종합토지세는 그렇게 하지 않았습니다. 보유세 부담을 낮춰주려는 꼼수를 부렸어요. 당시 종합토지세를 맡았던 주무 부서는 종합토지세 부담을 낮추기 위해, 정확히 말하면 토지 과다 보유자의 부담을 낮춰주기 위해, 주택이 깔고 있는 토지와 나대지를 따로, 상가·빌딩이 깔고 있는 토지를 따로 묶어서 그 안에서 합산하여 부과했습니다. 그리고 논과 밭과 과수원, 목장용지 및 임야, 골프장 및 고급오락장용 토지는 아예 합산에서 배제하고 물건별로 과세했습니다.[3] 명실상부한 '종합'이 아니었다는 것입니다.

모든 토지를 '종합'하지 않고 나누어서 종합하면, 그리고 어떤 토지는 '종합'에서 제외하면 어떤 문제가 생길까요? 땅을 골고루 소유한 개인이나 기업에게 큰 도움이 됩니다. 가령 어떤 사람이 주택이 깔고 있는 땅 1억 원, 상가의 토지 10억 원, 농지 5억 원을 가지고 있다고 해봅시다. 명실상부한 '종합'이었다면 모두 합해서 16억 원(1억 원+10억 원+5억 원)에 대한 보유세를 부담시킬 수 있습니다. 그런데 분리해서 종합했기 때문에 1억 원 따로, 10억 원 따로, 5억 원 따로 세금을 부담시켰습니다. 세율이 똑같은 단일 비례세라면 분리해도 상관없지만, 누진세이기 때문에 분리하면 세 부담은 크게 줄어듭니다. 그뿐 아니라 자기가 소유한 토지가 세 부담이 낮은 대상에 속하도록 하려는 입법 로비 경쟁도 벌어졌습니다.[4]

물론 이와 같은 구조라도 토지보유세를 높이는 것이 불가능한 건 아닙니다. 여기에는 두 가지 방법이 있습니다. 하나는 세율을 계속 높이는 것이고 또 하나는 과세표준을 토지의 시장가격에 가깝게 붙이는 것인데, 당시 종합토지세를 도입한 노태우 정부는 후자를 선택했습니다. 즉 세율은 고정한 채 시장에서 거래되는 가격에 비해 턱없이 낮았던 과세표준을 계속 올리는 방법을 선택했죠. 당시 과세표준은 다음과 같이 결정되었기 때문에 과표적용률을 계속 높이면 보유세 강화를 어느 정도 달성할 수 있었습니다.

과세표준 = 공시지가 × 과표적용률

그러나 노태우 정부, 김영삼 정부, 김대중 정부도 이를 제대로 실행하지 못했지요. 1990년 15%였던 과표적용률을 60%까지 높인다고 했지만 20%에 그치고 말았습니다.[5] 김영삼 정부는 100%까지 올리겠다고 했지만 30%에 머물렀고, 그 후 김대중 정부 때는 이 비율이 30% 전후를 등락했습니다.[6]

참여정부의 눈부신 보유세 강화 전략

그러던 중 참여정부에 들어서서 주택 중심으로 부동산 가격이

힘들고 어려운 토지보유세 강화

폭등하자 토지공개념 실현 및 보유세 강화론이 다시 대두되었습니다. 한계가 많은 종합토지세로는 보유세 강화를 달성하기 어렵다는 것을 절감한 당시 정책팀은 주택에 초점을 둔 '국세'인 종합부동산세를 도입합니다.[7] 종합부동산세가 종합토지세와 다른 점은 지방세가 아니라 국세라는 점, 주택에 대해서 토지와 건물을 분리해 과세했는데 통합과세로 전환하여 세 부담을 강화했다는 점, 그리고 인별 합산이 아니라 '세대별'로 합산해 과세했다는 점입니다. 세대별 합산이라는 건 가족 구성원이 가진 부동산을 모두 합했다는 뜻입니다. 남편과 아내와 자식들이 가진 부동산을 모두 합쳐서 부과했으니 세 부담은 당연히 증가할 수밖에 없었죠.

또 종합부동산세 세수 전액을 지방 교부세로 사용하게 했는데, 여기에는 두 가지 목적이 있었습니다. 하나는 국토균형발전입니다. 종부세 대상자와 대상 부동산은 주로 서울과 수도권에 몰려 있는데, 이들에게서 징수한 보유세 전액을 지방으로 분배하면 수도권 발전의 성과를 지방과 나누는 것이 됩니다. 두 번째는 보유세 강화를 후퇴시키지 못하게 한다는 목적이 있었습니다. 국세인 종합부동산세를 후퇴시키면 지방재정이 줄어드는 것이므로 후퇴 시도를 지방정부가 적극적으로 반대할 것이라고 본 것입니다. 당시 참여정부는 종합부동산세의 이런 성격을 근거로 헌법처럼 종합부동산세 역시 바꾸기가 어렵다고 말했습니다.[8]

이렇게 참여정부는 고가 다주택 및 부동산 과다 보유 개인과 법인에게만 보유세를 강화한 것이 아니라 중저가 부동산에 대한 보유세를 강화하려 했고, 이를 통해 당시 0.15 정도 되는 실효세율을 2017년까지 주택의 경우 보유세 실효세율을 0.61%까지 강화하려 했습니다. 한계는 있었지만, 참여정부는 모든 수단을 동원해 보유세 강화를 추진했습니다.

다시 후퇴하는 보유세

그러나 참여정부의 보유세 강화도 조세저항에 부딪혀 결국 좌초되고 말았습니다. 먼저 헌법재판소가 세대별 합산은 위헌이라는 '이상한' 판결을[9] 내린 것을 기회로 이명박 정부는 참여정부가 만들어놓은 보유세 강화 계획을 무산시켰습니다. 종합부동산세 세율도 낮추고 대상도 축소시켰죠. 이런 기조는 박근혜 정부에도 그대로 이어졌고, 부동산 투기가 기승을 부렸던 문재인 정부에서 고가 다주택에 대해 강화했지만, 또다시 윤석열 정부가 여러 가지 수단을 동원해 후퇴시켰습니다.

정부의 보유세 강화 의지는 1980년대 후반부터 꾸준히 제기되었지만, 〈그림 10〉이 보여주듯이 실효세율은 0.2%를 넘지 못하고 있습니다. 2021년 현재 캐나다 0.65%, 영국 0.63%, 일본 0.48%, 프랑스 0.36%, 미국은 1.0%를 넘는 것으로 알려져 있습니다.

힘들고 어려운 토지보유세 강화

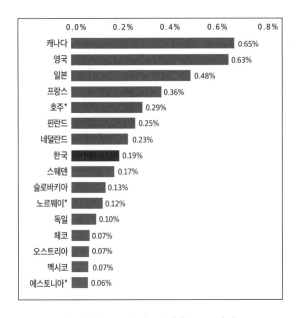

〈그림 10〉 국가별 부동산 보유세 실효세율

```
        0.0%    0.2%    0.4%    0.6%    0.8%
캐나다  ████████████████████████  0.65%
  영국  ███████████████████████  0.63%
  일본  ██████████████████  0.48%
프랑스  █████████████  0.36%
 호주*  ███████████  0.29%
핀란드  █████████  0.25%
네덜란드 █████████  0.23%
  한국  ███████  0.19%
스웨덴  ██████  0.17%
슬로바키아 █████  0.13%
노르웨이* ████  0.12%
  독일  ████  0.10%
  체코  ███  0.07%
오스트리아 ███  0.07%
멕시코  ███  0.07%
에스토니아* ██  0.06%
```

* 별표 국가는 2020년 자료, 나머지는 2021년 자료.

토지보유세 강화는 불로소득을 차단하기 때문에 불로소득을 환수할 필요를 줄입니다. 매매차익을 줄여주니까요. 매매차익이 발생한 후에 환수하는 것보다 발생하지 않도록 차단하는 것이 더 좋습니다. 그런데 앞서 보았듯이 토지보유세 강화는 쉽지 않습니다. 참여정부는 종합부동산세 후퇴를 막기 위해 세수 전액을 지방의 기초자치단체에 분배해주었지만, 즉 후퇴 시에 시군구가 반대하도록 장치를 두었지만 아쉽게도 후퇴할 당시 시군구의 저항은 없었습니다.

토지보유세 역사의 교훈

토지보유세 강화를 둘러싼 지금까지의 역사를 살펴보면서 우리는 다음 다섯 가지 교훈을 얻을 수 있습니다.

첫째, 모든 토지를 합산하는 명실상부한 종합화를 해야 한다는 것입니다. 토지의 용도와 무관하게 비슷한 가액을 보유하고 있으면 비슷하게 세금을 부담하는 수평적 공평성, 높은 가액을 보유하고 있을수록 더 많이 부담하는 수직적 공평성을 담보하도록 제도를 설계해야 합니다. 그러나 지금의 과세 구조는 여러 가지 땅을 골고루 가지고 있으면 보유한 가액이 같아도 실제 보유세액은 낮아지는 문제를 내장하고 있습니다. 주택이 깔고 있는 땅, 상가 빌딩이 깔고 있는 땅, 공장용지, 농지, 임야 등 모든 토지를 개인별로 혹은 법인별로 합산해서 누진적으로 과세하면 공평한 과세가 될 수 있습니다.

둘째, 보유세 강화는 국세를 통해서 해야 한다는 것입니다. '보유세는 지방세'라는 주장이 있는데, 토지가치의 발생과 상승 측면만 봐도 국세여야 하는 이유는 분명합니다. 강남의 토지가치가 높은 이유는 강남이 편익을 제공했기 때문이 아니라 중앙정부의 강남 중심 정책 때문이라는 걸 우리는 잘 알고 있습니다. 혜택을 준 건 중앙정부이니 보유세 강화는 국세로 하는 것이 자연스럽습니다.

셋째, 장기계획을 수립해야 한다는 것입니다. 보유세는 단번에 올릴 수 없는 세금입니다. 중앙정부가 목표를 세우고 점진적으로 강화하는 방안을 제시해야 합니다. 이와 관련해서는 참여정부의 경험을 참고할 필요가 있습니다. 참여정부는 최초로 장기 목표를 제시하고 추진한 정부입니다.

넷째, 건물은 가볍게 토지는 무겁게 과세해야 한다는 것입니다. 건물은 노동의 산물이고 토지는 주어진 것이기 때문이죠. 오늘날의 토지가 있기까지 인간은 어떤 노동도 어떤 비용도 투입한 적이 없습니다. 게다가 토지에 집중해서 부과하는 것이 효율적입니다. 이런 까닭에 노벨 경제학상 수상자인 윌리엄 비클리William Vickrey는 "부동산 보유세는 '최선'의 세금 중 하나인 토지보유세와 '최악'의 세금 중 하나인 건물보유세가 결합한 세금"이라고 한 것입니다.[10]

강력한 지지층 형성의 중요성

마지막으로 강력한 지지층 형성이 중요하다는 것입니다. 현재 1인 1표로 요약되는 민주주의에서 모든 시민은 정치적으로 평등합니다. 그러나 경제정의가[11] 실현되지 않으면, 즉 경제적으로 불평등이 극심하면 정치적 평등은 허울에 불과합니다. 정치적 자원이 불평등하게 배분되기 때문이죠. 정치적 자원이란 한 개인 혹은 그룹이 직간접적으로 다른 사람의 태도에 영향력을 발휘하는 데 사용하기 위해 접근할 수 있는 수단을 말하는데, 여기엔 각 개인 과 단체의 경제력이 압도적으로 중요합니다.[12] 돈이 있어야 다른 사람을 만나서 영향을 줄 수 있고, 경제적으로 안정되어야 사회의 주요 이슈에 대해 다각적으로 검토하면서 자기 의견을 정리할 수 있습니다. 하루하루 먹고살기 급급하고 미래가 불안하면 다른 사 람에게 영향을 미칠 수도, 어떤 사안에 대해 곰곰이 생각할 여유 도, 뜻이 같은 사람끼리 모임을 결성할 수도 없습니다.

지금처럼 경제 불평등이 심한 사회에서는 많은 부를 소유한 소수가 나라의 정책을 좌우하게 됩니다. 이름만 민주주의지 내용 은 소수가 지배하는 과두제입니다. 이들은 자신이 직접 출마하여 국회의원이 되기도 하고, 힘 있는 언론과 방송과 학계에 막대한 영향을 미치기도 하며, 심지어 종교 영역에서도 큰 힘을 발휘합니 다. 이들은 소수지만 여론을 자신에게 유리하게 만들 수 있는 보 이는 수단과 보이지 않은 수단이 수만 가지나 됩니다.

그러면 최상위계층에 속한 자들이 가진 부富에서 가장 안정적 이고 중요하며 가장 값비싼 자산은 무엇일까요? 부동산입니다. 부동산은 가만둬도 가격이 올라갑니다. 임대소득도 계속 늘어납 니다. 은행에서 대출받기도 쉽고 그 돈으로 또 다른 부동산을 매 입해 부를 늘려갈 수 있습니다. 그런데 토지보유세 강화는 부동산

힘들고 어려운 토지보유세 강화

기대수익률을 떨어뜨립니다. 그러므로 토지보유세 강화는 이들의 초미의 관심사가 될 수밖에 없습니다. 반면 부동산을 보유하고 있지 못한 사람은 토지보유세 강화에 관심을 갖기 어렵습니다. 그럴 정신적 여유가 없죠. 그런 까닭에 부동산 부자들이 자신에게 유리하게 만든 여론에 쉽게 영향을 받는 것입니다.

특히 우리나라 언론은 스스로가 엄청난 땅 부자이기도 합니다. 예를 들어 더불어민주당 김의겸 의원에 따르면, 한국에서 가장 막강한 영향력을 가진 〈조선일보〉와 그 사장 일가가 보유한 토지는 약 38만 평, 공시지가 기준으로 4천 800억 원이고 시세로 계산하면 2조 5천억 원 상당이라고 합니다.[13]

이념과 무관하게 경제학자들이 이구동성으로 동의하고 지지하는 토지보유세를 실제로 강화하려면 국민 다수가 그 정책을 강력하게 지지하도록 해야 합니다. 안 그러면 어렵게 강화한 것을, 그것도 불철저하게 강화한 것을 한순간에 후퇴시키는 역사가 또다시 반복될 것입니다. 우리가 토지배당제를 대안으로 내놓은 이유에는 바로 이런 배경이 있습니다.

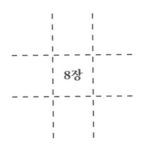

8장

토지배당제,
땅을 몰수하려는 계획?[1]

우리가 이 책에서 독자에게 제안하는 토지배당제는 토지에 보
유세를 부과하여 세수 전액을 국민 모두에게 똑같이 분배하자는
것입니다. 토지 자체를 나누는 것이 아니라 토지가치를 공평하게
나누자는 것이죠. 요약하면 토지보유세와 기본소득의 결합입니다.

지금까지 이런 제도는 없었습니다. 재산의 하나인 토지에 부
과한 보유세 혹은 양도세 수입을 정부 재정으로 쓰는 제도는 전
세계 모든 나라가 시행해도 세액 전부를 국민 모두에게 똑같이 분
배하는 나라는 없습니다. 맨 처음 제안하는 대안이라는 것이죠.
이런 제도에 대해 보이는 첫 반응은 황당하다는 것입니다. 아니,

왜 모두에게 나눠? 그렇습니다. "왜?"라는 질문이 자연스럽게 나옵니다.

토지배당제의 필요성

"왜?"라는 질문에 두 가지 대답이 있을 수 있습니다. 그렇게 할 '필요가 있다'라는 대답이 그 하나인데, 우리는 이것을 '필요론'이라고 하겠습니다. 필요론을 정리하면 다음과 같습니다.

첫 번째 필요론은 인공지능의 등장에서 알 수 있듯이 기술발전으로 인해 노동시장이 변했기 때문입니다. 자율주행차가 나오면 택시나 트럭 운전사는 설 자리를 잃게 됩니다. 열심히 공부해서 자격을 취득한 공인회계사와 엄청난 학비가 들어가는 약학전문대학원까지 졸업해야 될 수 있는 약사도 그렇습니다. 다 인공지능이 대체할 수 있다고 해요. 반면 새로 등장하는 일자리는 주로 플랫폼 일자리입니다. 앱이나 SNS를 통해 노동이 거래되는 고용형태가 플랫폼 노동인데, 앱을 통한 배달 대행이 여기에 속합니다. 그런데 이런 노동은 불안정합니다. 소득수준도 낮고 근로자가 아니어서 사회보험에 가입하기도 어렵습니다. 한마디로 말해서 이런 노동으로 벌어들이는 소득으로 안정된 생활을 하는 것은 불가능하죠. 게다가 기술발전으로 인해 일자리를 잃은 사람들을 교육해서 고숙련 첨단 분야의 일자리로 이직하도록 돕는 것이 쉽지 않다는 점을 고려하면,[2] 불안정 노동자는 더 늘어날 수밖에 없습니다. 이런 까닭에 조건 없이 지급하는 토지배당제를 실시할 필요가 있다는 것입니다. 토지배당제를 실시해서 누구나 최소한의 삶을 넘어서 기본적인 삶을 영위할 수 있도록 하자는 것이죠.

두 번째로 앞에서(7장) 설명했듯이 토지보유세 강화에 대한 조직적 저항을 극복하기 위해 토지배당제가 필요합니다. 뒤에서 자세히 설명하겠지만, 토지배당제는 다수의 적극적 찬성자를 형성합니다.

필요론에 앞서는 권리론

> 내가 간곡히 호소하고자 하는 것은 자선charity이 아니라 권리right의 차원에서 접근하는 것이다. 베풂이 아니라 정의의 관점에서 접근하자는 것이다.[3]

팸플릿 형태로 나온 소책자《토지정의》에서 토지배당제를 처음 제안한 토머스 페인의 주장입니다. 토지배당은 필요해서 주는 자선이 아니라 인간이라면 누구나 누려야 하는 정당한 권리라는 것이죠. 이것을 '권리론'이라고 할 수 있습니다.

토지배당제, 땅을 몰수하려는 계획?

분명한 건 필요론은 불안정하다는 것입니다. 필요론의 근거가 과장되었다는 주장에도 일리가 있고요. 인공지능이 인간의 노동을 대체하고 새로 생기는 일자리도 불안정하다는 이유로 토지배당, 즉 기본소득이 필요하다는 주장에 대해 기존 복지국가 제도의 확충으로도 기술발전으로 인한 노동시장 변화에 충분히 대응할 수 있다는 주장도 가능합니다.[4] 조세저항 극복을 위해 토지보유세를 꼭 기본소득의 재원으로 사용할 필요가 있냐는 반론 또한 가능합니다. 확보된 토지보유세로 주거 빈곤층에게 공공임대주택을 저렴하게 공급하고 주거비를 보조해도 조세저항을 극복할 수 있다고 주장할 수 있습니다.

그래서 중요한 것이 권리론입니다. 토지배당제의 가장 강력한 논거는 권리론입니다. 대한민국 국토에 대해서 모든 국민이 1/n의 권리가 있다는 것이 '필요/불필요' 논란을 잠재울 수 있기 때문입니다. 투기를 차단하고 불평등을 해소해야 할 필요가 있어 도입해야 한다는 논리보다, 본래부터 마땅히 누려야 할 권리였기 때문에 도입해야 한다는 주장이 더 설득력이 있습니다.

그런데 문제가 하나 있습니다. 누가 그 권리를 모두에게 부여해주었냐는 것이죠. 절대자인 신이 부여해준 것인가요? 아니면 사회가 부여해준 것인가요? 신이 부여해준 것이라는 주장은 증명 불가능하므로 여기서는 사회가 부여해준 것, 즉 계약론적 관점에서 권리론을 검토해보려 합니다.

사회계약론은 사회의 운영원리와 원칙을 사회가 형성될 초기에 계약 당사자들이 결정한다는 이론입니다. 이 사회계약론은 현실 기득권과 그것을 합리화하는 이데올로기의 영향을 차단하면서 현실을 개혁할 수 있는 방향을 모색하는 데 아주 유용합니다. 이런 관점에서 이제 이념과 관계없이 토지배당이 권리임을 보여주기 위해 진보적인 정치철학자이자 자유·평등주의자로 알려진 존 롤스John Rawls, 1922-2002의 정의론과 그의 반대편에서 사유재산권의 신성함을 강조하는 정치철학자이자 자유지상주의자로 알려진 로버트 노직Robert Nozick, 1938-2002의 정의론을 통해 토지배당제 권리론의 근거를 제시해보려고 합니다.

롤스의 정의론 테이블에 토지를 올려놓으면?

정의론으로 유명한 롤스는 계약론자답게 정의의 원칙은 하늘에서 떨어진 것이 아니라 계약 당사자들이 합의할 대상으로 보았습니다. 그래서 그는 계약 당사자들이 처한 '상태'에 관심을 집중합니다. 합의하려면 계약 당사자들이 비슷한 조건에 있어야 하기 때문이지요. 그래서 롤스는 계약 당사자가 자기 부모가 누구인지 알고 자기 능력도 잘 알고 자기가 처한 환경을 아는 상태에서 계약에 참여하는 것은 공정하지 않다고 보았습니다. 그들이 처한 상황이 합의할 정의의 원칙에 영향을 미치기 때문입니다. 부모 잘 만나서 재산이 많고 사람들이 좋아할 만한 인품을 갖춘 출중한 능력의 소유자와 빈농이나 비정규직의 아들로 태어난 사람이 계약 당사자로 만나 정의의 원칙을 정하기 위해 테이블에 앉으면 모두가 동의할 수 있는 정의의 원칙을 도출할 수 없다는 것입니다. 즉 모두 각자 자기에게 유리한 상황을 정의의 원칙에 반영하려고 애쓴다는 것이죠.

롤스는 각자가 처한 상황 혹은 여건을 '운'luck이라고 보고 이 운이 계약에 개입할 수 없도록 하기 위해 '무지의 베일'veil of igno-rance이라는 독특한 장치를 도입합니다. 즉 정의의 원칙에 합의할 계약 당사자가 운의 영향에서 자유롭게 하자는 것인데, 여기서 재밌는 것은 이 베일의 특징입니다. 그가 제안한 무지의 베일은, 자기가 얼마나 달리기를 잘하는지, 부모가 재산이 많은지, 음악에 소질이 있는지, IQ가 높은지 모르지만, 자신과 사회에게 유불리를 따질 수 있는 사회경제 이론은 잘 이해하고 있는 것으로 설계되어 있습니다.[5]

이렇게 무지의 베일 뒤에 있는 사람들이 동의하는 정의의 원칙은 다음 두 가지입니다. 제1원칙은 평등한 자유의 원칙이고 제2원칙은 공정한 기회균등의 원칙과 차등의 원칙인데, 여기서 중요한 것은 제1원칙이 제2원칙에 우선한다는 것입니다. 먼저는 사회 구성원 모두에게 평등한 자유를 부여하고, 그다음으로 교육과 의료의 기회를 균등하게 보장하고, 그런 상태에서 치러지는 경쟁의 결과로 나타나는 사회경제적 불평등은 가장 약한 사람에게 최대 이익이 보장될 조건에서만 용인하자는 것이지요. 이 내용은 아주 잘 알려져 있습니다.

그런데 여기서 흥미로운 점은 롤스가 기본소득에 분명히 반대했다는 점입니다. 롤스는 능력이 출중한 시민에게서 거둔 세금으로 노동을 포기한 채 해변에서 서핑하는 사람을 부양하는 데 쓰면 안 된다고 보았습니다.[6] 놀고먹는 사람에게 세금을 쓸 수 없다는 것이죠.

그렇다면 토지는 어떨까요? 롤스는 제1원칙으로 평등한 자유의 원칙을 제시했습니다. 모든 사람에게 기본적인 권리와 의무를 평등하게 분배해야 하기 때문이죠.[7] 그렇다면 토지에 대한 권리는 기본적인 권리, 즉 기본권이라고 해야 합니다. 토지는 누구도 생산하지 않았고 토지가 없으면 경제활동뿐만 아니라 생존 자체가 불가능하기 때문이지요.[8]

한편 롤스는 사유재산권도 기본권의 대상으로 보았어요. 그런데 사유재산권을 모두가 평등하게 누리려면 토지에 대한 권리를 평등하게 보장해주어야 합니다. 사유재산의 대상은 인간의 노력으로 만든 물자입니다. 그러므로 토지와 같은 천연물은 인간이 만든 물자가 아니므로 사유재산의 대상이 될 수 없습니다. 언어학적으로 보면 생산production이란 '앞으로'pro와 '끌어내다'ducer의 합성

토지배당제, 땅을 몰수하려는 계획?

어인데, 사유재산권을 모두에게 똑같이 보장하려면 '끌어낼 수 있는 유일한 원천'인 토지와 자연자원과 환경에 대한 접근권이 평등하게 보장돼야 합니다. 사유재산권을 모두에게 보장한다고 해놓고 토지를 비롯한 천연물에 대한 접근권에 차별을 두는 것은, 즉 어떤 이는 접근권을 과다하게 누리고 어떤 이는 과소하게 누리며 어떤 사람은 아예 누리지 못한다는 것은 말이 안 됩니다. 요컨대 사유재산권에 대한 평등한 권리 보장은 토지 및 천연물에 대한 평등한 권리를 기초로 합니다.

토지에 대한 평등한 권리 보장

혹자들은 이런 논리 전개에 대해 계약 당사자들이 사유재산권과 관련된 위와 같은 원리를 어떻게 알 수 있냐고 의문을 제기할 수 있습니다. 그러나 흥미로운 점은 바로 앞에서 말했듯이 롤스가 상정한 무지의 베일을 보면 계약 당사자들은 위와 같은 원리를 알고 있는 것으로 되어 있습니다. 토지와 관련해서 모르도록 처리한 내용은 자신이 소유한 땅의 규모가 얼마인지, 소유한 땅의 위치가 어디인지, 소유한 토지가 가치가 폭등하는 개발 대상인지 등입니다. 그렇기 때문에 원칙적으로 토지에 대한 권리는 모두가 평등하게 누려야 한다는 것에 동의한다는 것이죠.

그렇다면 토지에 대한 평등한 권리 보장은 어떤 방식으로 구현되어야 할까요? 여기에는 세 가지 선택지가 있습니다. 첫째, 모든 토지를 공동으로 사용하는 것, 둘째, 토지 자체를 균등하게 배분하는 것, 셋째, 토지가치인 지대land rent를 환수해서 모두가 똑같이 나누는 토지배당입니다. 우리는 무지의 베일 뒤에 있는 계약 당사자들이 세 번째 방식을 선택할 것이라고 봅니다. 왜 그런지 하나씩 검토해보겠습니다.

첫 번째 선택지인, 모든 토지를 공동으로 사용하는 방식은 계약 당사자들이 선택하지 않을 것입니다. 농경시대라고 해도 마찬가지입니다. 함께 농사를 짓더라도 생산물을 어떻게 분배할 것인가, 노동에 얼마나 참여했는가, 모두가 노동 시간이 같다고 하더라도 능력이 각자 다른 건 어떻게 처리할 것인가 등 고려해야 할 사항이 한두 개가 아닙니다. 농지는 그렇다고 해도 주택을 지을 때 필요한 용지는 어떻게 해야 할까요? 그것도 공동으로 사용하나요? 공동사용 방식은 계약 당사자들이 선택하기가 어렵습니다.

두 번째로 토지를 모두에게 균등하게 나눠주는 균등분배방식은 어떨까요? 첫 번째보다 낫지만, 이 방법도 균등 분배의 기준을 정하기 어려운 건 마찬가지입니다. 모두가 좋아하는 땅이 있고 싫어하는 땅이 있는데, 어떻게 배분해야 할까요? 계약 당시에 모두가 동의하는 기준을 찾았다고 하더라도 인구가 늘어나면 또다시 분배해야 할 텐데, 그건 또 어떻게 할까요? 그리고 농지일 때 분

토지배당제, 땅을 몰수하려는 계획?

배했는데 사회적 필요에 따라 아파트를 지으려고 택지로 전환해야 할 토지는 어떻게 처리해야 할까요? 합리적이고 경제 이론에 밝은 계약 당사자들이 두 번째 방식을 선택하지 않을 이유는 차고 넘칩니다.

존 롤스, 결국 토지배당제를 옹호하다!

그래서 우리는 세 번째 방식인 토지배당제를 계약 당사자들이 동의할 것으로 봅니다. 토지배당제는 토지의 위치의 차이를 나타내는 지대land rent를 환수해서 모두에게 똑같이 배당하는 것을 뜻합니다. 토지는 인간이 필요하다고 해서 만들 수 있는 재화가 아니고, 일반 재화처럼 동질적이지 않으며, 위치가 고정되어 있으므로 한 사람이 차지하면 다른 사람을 배제하게 됩니다. 즉 손해를 끼치게 됩니다. 이런 까닭에 다른 사람보다 더 좋은 위치를 차지한 사람은 사용이 배제된 사람들에게 일종의 '의무'가 발생합니다. 그렇다면 좋은 위치를 차지한 사람에게 어떤 의무를 부과해야 할까요? 지대 납부의 의무를 부과하면 됩니다. 그리고 그 납부된 지대를 모두 똑같이 나누면 됩니다. 이것이 바로 토지배당제입니다.

한편 지대를 환수 및 배당하는 또 다른 이유는 지대인 토지가치 자체가 토지 사용자가 만들어낸 가치가 아니기 때문이기도 합니다. 이를 이해하기 위해 토지가치인 지대가 어떻게 발생하고 상승하는지 살펴보겠습니다. 먼저 토지가치는 정부가 전철역과 도로와 관공서와 공원 등을 설치함으로써 발생하고 상승합니다. 이것을 '정부적 원인'이라고 부를 수 있습니다. 대표적 예로 농지를 택지로 전환해서 토지가치가 상승하는 것도 정부의 역할이죠. 고속도로 인터체인지 근처의 토지가치가 높은 것도 정부적 원인입니다.

두 번째로 토지가치는 인구가 집중할수록 높은데, 이것을 '사회경제적 원인'이라고 부를 수 있습니다. 정부가 아무리 인프라를 깔고 농지를 택지로 전환해도 인구가 그쪽으로 이동하지 않으면 토지가치는 발생하거나 상승하지 않습니다. 세 번째로 토지가치는 경관이 수려한 곳일수록 높은데, 이것은 '환경적 원인'에 해당합니다. 한강 주변의 토지가치가 높은 것을 생각하면 쉽게 이해할 수 있죠. 이렇듯 토지가치는 정부적 원인, 사회경제적 원인, 환경적 원인에 의해 발생·상승합니다. 개별 토지의 소유자나 사용자의 노력과 무관하다는 것이죠.[9]

결론적으로 존 롤스의 계약 당사자들은 토지배당제에 동의하게 됩니다. 이렇게 하면 좋은 토지를 사용하나 나쁜 토지를 사용하나 아니면 토지를 소유하지 못하더라도 같은 노동과 같은 기술을 적용하면 생산액은 똑같게 됩니다. 교통이 편리한 위치의 토지

토지배당제, 땅을 몰수하려는 계획?

를 사용하는 사람은 높은 지대를 부담해야 할 의무가 생기고, 불편한 위치의 토지를 사용하는 사람은 낮은 지대를 부담하면 됩니다. 이렇게 환수한 지대를 똑같이 나누면 계약 당사자들이 동의하는 원칙인 평등한 토지권 원칙이 실현될 수 있습니다.

그래도 막연하다고 할 수 있어 그것이 구체적으로 어떻게 가능한지 〈표 3〉을 통해서 살펴보겠습니다. 〈표 3〉에서 보듯이 토지마다 다르다는 것을 '등급'으로 표시합니다. 등급은 생산액의 차이로 나타납니다. 1등급은 200, 2등급은 180…5등급은 120, 이렇게 각각 생산액의 차이가 있지만, 각 생산액에서 지대를 뺀 액수인 '실제' 생산액은 동일합니다. 경쟁적 시장에서는 같은 자본과 같은 노동을 투입하면 생산액이 같기 때문이죠. 우등한 토지에 노

〈표 3〉 토지 등급에 따른 생산액과 최종 결과

토지 등급	생산액	지대	실제 생산액 (생산액-지대)	배당액	최종 결과 (실제 생산액+배당액)
1등급	200	100	100	60	160
2등급	180	80	100	60	160
3등급	160	60	100	60	160
4등급	140	40	100	60	160
5등급	120	20	100	60	160
합계	800	300	500	300	800

동과 자본을 투입하는 것과 열등한 토지에 투입하는 것에서 발생하는 생산액의 차이는 결국 지대입니다.

이런 상황에서 토지배당제를 실시하면 〈표 3〉에서 보듯이 '최종 결과'는 같게 됩니다. 각 등급에서 발생한 지대를 모두 합치면 300이고, 그것을 다섯 명에게 똑같이 나누면 배당액은 60이 되며, 결국 어느 토지에서 생산활동을 해도 총소득은 모두 160이 되는 것이죠. 결론적으로 좋은 토지를 사용하는 사람은 많은 지대를 내고 나쁜 토지를 사용하는 사람은 그만큼 적은 지대를 부담해서 그것을 모두에게 배당하면 최종 결과는 같아진다는 얘기입니다. 평등한 토지권이라는 목표는 자연스럽게 달성됩니다.

이제까지 알려진 롤스의 정의론으로는 기본소득을 정당화하는 것이 불가능했습니다. 그것은 결국 계약 당사자들 모두가 평등한 권리를 가졌다고 동의할 수 있는 재화에서 찾아야 합니다. 그런데 롤스의 정의론에 토지를 넣어보면, 토지의 독특성과 중요성을 인식한 계약 당사자들은 토지가치인 지대를 모두에게 배당하는 방식에 합의하게 됩니다. 이것이 먼저는 토지를 소유한 사람과 그렇지 못한 사람 간에, 두 번째는 좋은 토지를 소유한 사람과 나쁜 토지를 소유한 사람 간에, 마지막으로는 현재 세대와 미래 세대 간에 평등한 토지권 원칙을 실현하는 방안이라는 것이죠.

사유재산권 절대 옹호자도 동의하는 토지배당제

사유재산권이 절대 타협할 수 없는 권리임을 강조하는 자유지상주의의 대표자인 로버트 노직의 논리로도 토지배당제를 옹호할 수 있을까요? 먼저 노직의 소유권 이론부터 살펴보겠습니다. 노직의 소유권 이론은 매우 간단해서 직관적으로 동의가 가능합니다. 첫째, 취득할 때 다른 사람에게 해를 주지 말아야 한다, 둘째, 취득한 것을 이전할 때도 타인에게 해를 주지 않아야 한다, 셋째, 만약 취득과 이전 과정에서 위반이 있었다면 그에 상응하는 보상을 해야 한다는 것입니다. 이것을 취득의 원리, 이전의 원리, 보상의 원리라고 부르는데, 흠잡을 데가 없는 논리죠. 누구나 인정할 수 있습니다. 롤스처럼 무지의 베일과 같은 장치를 도입할 필요가 없습니다.

그런데 여기 곤란한 점이 하나 있습니다. 앞에서 설명했듯이 토지를 소유할 땐 필연적으로 다른 사람에게 해를 준다는 것입니다. 생산하는 것이 아닌, 필요하다고 그 양을 늘릴 수 없는 재화인 토지는 한 사람이 소유하면 다른 사람은 소유할 수 없습니다. 또 토지는 좋은 위치가 있고 나쁜 위치가 있는데, 모두가 좋은 위치의 토지를 소유하고 싶어 합니다. 어떤 사람이 좋은 위치를 차지하면 다른 사람은 배제되겠지요. 손해를 끼치게 되는 것이죠. 그러면 어떻게 해야 할까요? 보상의 원리를 작동시켜서 토지를 소

115

유한 사람이 다른 사람을 배제한 대가를 지불하면 문제는 말끔히 해결됩니다.

여기서 노직은 토지를 소유하면 다른 사람을 배제하는 문제가 발생하지만 그래도 토지를 사유화해야 토지가 가장 효율적으로 이용되고 그럼으로써 토지 소유에서 배제된 사람들의 상황도 개선될 수 있다고 생각한 것으로 보입니다. 그런데 좀 더 자세히 생각해보면 앞에서 말한 토지가치인 지대를 환수하는 것이 노직의 논리에 더 적합한 것임을 알게 됩니다. 〈표 3〉에서 보듯이 지대를 모두 환수하면 유리한 토지에서 생산활동을 하거나 그렇지 않거나 결과는 똑같아집니다.

그러면 노직은 환수한 지대를 어디에 쓰자고 할까요? 노직은 세금을 끔찍이 싫어하니 지대를 환수하는 대신 다른 세금을 감면하자고 주장할까요? 그럴 수도 있다고 생각합니다. 그러나 우리는 기본소득의 재원으로, 즉 토지배당제를 실시하는 것도 가능하다고 생각합니다. 왜냐하면 그렇게 하는 것이 노직이 중시하는 개인의 자유를 극대화하는 데 도움이 되기 때문입니다. 노직은 최소국가minimal state, 즉 개인의 자유를 최대한으로 보장하고 국가는 개인의 삶에 최소한으로 개입하는 국가가 정의로운 나라라고 했는데, 토지배당제 실시가 여기에 부합합니다. 지대를 재원으로 하는 토지배당제를 실시하면 국가의 간섭 혹은 역할을 최소화할 수 있으니까요. 토지배당제는 국가가 대상자를 선정하기 위해 소득,

직업, 부양가족, 나이, 자산 등을 조사할 필요가 없습니다. 대상자에게 정부가 얼마를 줄지 액수를 고민할 필요도 없죠. 노직이 말한 최소 국가에 토지배당제가 딱 어울린다는 것입니다.

누구나 똑같이 누려야 하는 권리!

앞에서 우리는 상반된 주장을 했던 존 롤스와 로버트 노직의 논리를 통해서 토지배당제가 권리임을, 정의로운 것임을 논증했습니다. 이를 통해 우리가 말하려는 바는 토지배당제는 필요하기 때문에, 즉 AI시대가 다가오기 때문에, 부동산 투기를 막을 필요가 있기 때문에 실시하는 면도 있지만, 그것보다 근본적으로는 모두가 마땅히 누려야 할 권리이기 때문에 실시해야 한다는 것입니다.

돌아보면 그동안 너무나 오랫동안 수많은 사람이 이 권리를 누리지 못했습니다. 그 권리를 하나도 누리지 못한 사람의 삶은 말할 수 없이 고통스러웠습니다. 이제 모두가 그 권리를 누리는 사회로 나아가야 합니다. 다수의 잃어버린 권리를 되찾아야 주어야 합니다. 다른 사람의 권리를 가로채서 과대하게 누리는 부정의를 바로잡아야 합니다. 그렇습니다. 토지배당제는 이해관계를 떠나서 생각하면 모두가 동의할 수 있는 정의의 실현입니다!

3부

토지배당제의 구체적 방법론

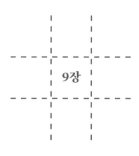

9장

토지배당제의
호위 '천사'

땅에서 온 기본소득

작은 텃밭을 해본 독자라면 알고 있을 거예요. 텃밭에 심어 키운 상추를 우리 가족이 아무리 열심히 뜯어 먹어도 다 먹을 수 없다는 것을요. 남은 채소(밭에서 기르는 농작물)는 이웃과 친구들에게 나눠줄 수밖에 없습니다. 토지배당제는 우리나라 전 국토에서 재배한 채소의 일부와 저절로 자란 야채의 상당 부분을 모든 이웃이 함께 나눠 먹는 제도입니다. 다만 식물 대신 돈으로 지급하는 점이 다르지요.

토지배당제는 땅으로부터 세금을 걷는 토지보유세와 모두에게, 똑같이, 정기적으로, 조건 없이, 현금으로 분배하는 기본소득이 합쳐진 제도입니다.[1] 개인마다 자신이 낼 세금과 받을 기본소득을 한 번에 계산해서 돈을 돌려받거나 세금을 내게 됩니다. 물론 토지를 보유하지 않은 개인은 낼 세금은 없고 돌려받는 것만 있겠죠. 효율적인 제도 운용을 위해 한 번에 정산합니다. 먼저 세금부터 살펴보겠습니다.

피할 수 없는 조세저항

세상에 세금 좋아하는 사람은 없습니다. 죽음과 세금은 결코 피할 수가 없습니다. 2007년에 발간된 《메이드 인 차이나 없이 살아보기》처럼, '세금 없이 살아보기'를 몸소 실천해 본다면 어떨까요? 아마 하루도 버티기 어려울 것입니다. 왜냐하면 우리 주변에 보이지 않는 세금이 많기 때문입니다. 돼지고기 김치찌개 2인분, 소주 한 병, 휘발유 가득, 담배 한 갑을 구매했다면 여러분은 세금도 낸 것입니다. 알아차리지 못했을 뿐이지요.[2] 이처럼 가격에 숨어 있는 부가가치세와 같은 세금은 알아차리기 어려워서 조세저항이 조금 약합니다.

납세자가 명확하게 인식하는 세금도 많습니다. 여러분이 부동

토지배당제의 호위 '천사'

산을 구입하면 취득세와 그 외 각종 세금을 부담하게 되는데, 세금을 신고할 때 그 금액을 정확히 알 수 있습니다. 다만 이사 당일 은행에서 대출도 받아야 하고 이삿짐도 옮겨야 하고 전입신고도 해야 하는 등 할 일이 아주 많기 때문에 대부분의 사람은 세무사에게 취득세부터 부동산 등기까지 모든 업무를 위임합니다. 이렇게 전체 금액을 대리인에게 전달하고 한 다리 건너서 세금을 내기 때문에 부동산 거래세도 조금 안 보이는 세금이라고 할 수 있습니다.

조세저항 끝판왕 종부세

앞에서도(7장) 조세저항에 대해 다루었지만, 여기서는 좀 더 생생하게 그 저항의 심리를 추적해보려고 합니다. 그렇게 해야 토지배당제의 힘과 효과가 피부로 다가오게 됩니다. 재산세와 종합부동산세(줄여서 종부세)를 다뤄봅시다. 이 두 세금을 보통 부동산 보유세라고 하는데, 부동산을 보유한 대가로 부담하는, 완벽하게 '보이는' 세금입니다. 부동산을 소유한 납세자는 정부로부터 납세 고지서를 받는 순간 조세저항을 느낍니다. 재산세 고지서는 7월부터 9월까지 우편물, 이메일, 휴대전화 문자 등 가능한 모든 방법으로 납세자에게 전달되고, 종부세도 날씨가 추워지는 11월 말쯤 세금고지서가 배송됩니다. 우편함에 연말 감사편지인가 하고 꺼냈는데 세금고지서에 큰 금액이 찍혀 있다면 얼마나 화가 나겠습니까?

게다가 부동산 보유세는 세금 납부 시기가 선거기간과 미묘하게 맞물립니다. 정치인이라면 한 푼이라도 세금을 줄여달라는 지역 주민의 간절한 요구를 거절하기 어렵겠죠. 그래서 선거철이 되면 지역 주민들의 읍소에 각 정당은 적극적으로 세금 깎아주기 경쟁에 돌입합니다. 6월에 치러지는 지방선거는 다가올 7-9월 재산세를 고려하지 않을 수 없고, 3월에 치루는 대통령선거는 전 해 12월에 종부세를 납부한 납세자를 유권자로 상대해야 합니다. 게다가 종부세는 우리나라에서 힘 있는 사람들이 납부하는 경우가 대부분이어서 관련 뉴스가 나오면 언론을 도배하다시피 합니다. 그런데 부담하는 인원만 보면 종부세는 2022년 개인 121만 명, 법인 7만 7천 명 등 총 128만 명이고 노동자가 부담하는 근로소득세는 1,996만 명입니다. 근로소득세 과세 인원은 종부세의 15배에 달하지만 조용하게 지나가는 편이지요. 1년 내내 비중 있게 다뤄지는 언론의 종부세 뉴스 편중은 유별나다고 할 수 있습니다.

여기에 조세저항을 불태우는 마지막 한 스푼을 더하면, 종부세는 납세자의 현금흐름과 관계없이 내야 한다는 것입니다. 소득세처럼 돈이 있을 때 내는 세금은 불만이 있더라도 낼 수 있지만, 당장 주머니가 텅텅 비었는데 내야 하는 세금은 고통 그 자체입

토지배당제의 호위 '천사'

니다. 예를 들어 담배가격은 담배소비세, 개별소비세, 교육세, 부가가치세 등의 세금을 모두 포함합니다. 그러니까 담배를 살 때는 세금까지 모두 준비해서 담배를 사는 것이죠. 담배가격에서 세금을 빼고 내겠다며 난리를 치는 사람은 거의 없지요. 매달 내는 근로소득세는 노동자가 월급을 만져보기도 전에 일정 세금을 미리 떼니 그저 한숨을 쉴 뿐입니다. 그런데 재산세와 종합부동산세는 내 주머니 사정과 관계없이 고지서가 날아옵니다. 매년 같은 시기에 고지서가 날아오지만, 납세자는 처음 세금을 내는 것처럼 심란합니다.

종부세가 가장 강력한 조세저항을 유발한다고 단언할 수 있습니다. 보이는 세금, 돈 없을 때도 내야 하는 세금, 대통령 선거 직전에 내는 세금, 언론이 유별나게 사랑하는 세금, 크리스마스 시즌에 내야 하는 세금. 이것이 '조세저항 끝판왕' 종부세를 계승하는 토지배당제가 마주해야 할 운명입니다.

조세저항을 넘어서

기본소득은 반드시 조세저항을 넘어야 합니다. 그것도 아주 가볍게 훌쩍 뛰어넘어야 합니다. 아무리 지고한 선비의 이상도 상인의 빠른 셈법 앞에서는 무력한 법입니다. 토지배당제는 종합부동산세보다 과세의 징벌성이 덜하지만, 더 넓은 과세 대상, 즉 민간이 보유한 모든 토지에 부과되기 때문에 역시 강력한 조세조항에 직면할 수밖에 없습니다. 토지배당제는 '세금폭탄'을 걱정하는 국민을 어떻게 설득할 것이냐에 대한 대답에서 출발해야 합니다.

첫 단서는 역설적이게도 종부세 다주택자 부담자와의 담화에서 찾을 수 있었습니다. 서울을 지역구로 둔 한 국회의원의 이야기입니다. 이 의원은 본인의 지역구를 돌아다니다 한 지역 주민을 만났는데, 그분이 대뜸 다주택자 종부세가 너무 강화돼서 거의 1천만 원에 가까운 세금을 냈다고 했답니다. 늘 그렇듯 그 의원은 옷깃을 여미며 너무 과한 세금 때문에 송구하다고 말하려는데, 그 지역 주민이 자신의 아들 이야기를 꺼내며 '문재인 정부에 들어와 좋은 교육과 좋은 의료 혜택을 내가 낸 세금 이상으로 많이 받았다. 그래서 기꺼이 그 세금을 부담했다'라고 말했다는 겁니다. 자신의 종부세 부담과 아들이 받은 혜택을 연결하기가 쉽지 않은데, 참 보기 드문 시민이죠.

미국의 캘리포니아주는 주택가격이 워낙 높아서 보유세가 높기로 유명합니다. 캘리포니아주에서 중간 정도 되는 가치의 주택에 거주하면 2022년 기준 2,839달러(원화 기준 약 370만 원)의 보유세를 부담해야 합니다. 우리나라보다 훨씬 높은 부동산 보유세에도 불구하고 미국 납세자들이 꾹 참는 이유는 내가 낸 세금이 전액 우리 동네 초등학교를 짓고, 경찰관의 월급을 주고, 도로와 가로등을 정비하는 데 사용되는 것을 알기 때문입니다.

정답은, 아니 극복 방안은 '내가 낸 세금이 잘 사용된다는 확신과 믿음'을 국민에게 심어줄 수 있다면, 그래도 조세저항을 뛰어넘을 가능성이 있으리라는 것입니다.

부동산 '대못' 대신 호위 '천사'

앞선 장에서 설명했듯이 우리 정부도 이런 사실을 잘 알기 때문에 종부세 전액을 제주도, 세종시, 울릉도 및 228개 기초자치단체 재정으로 골고루 배분하고 있습니다. 노무현 전 대통령이 "어느 정권이 들어서더라도 바꾸지 못하도록 대못을 박겠다"고 표현했던 그 '대못'이 바로 종부세 전액을 지방에 교부하는 제도입니다. 하지만 노 전 대통령의 바람과 달리 이명박 정부가 그 대못을 거의 뽑았고, 즉 이름만 남았고, 문재인 정부가 노 전 대통령이 박았던 깊이의 절반 정도 박아서 그대로 유지되나 싶었는데 다시 윤석열 정부가 반쯤 뽑아났습니다. 부동산 대못은 왜 계속 뽑혔을까요? '대못'이 아니라 '소못'이어서 그럴까요? 이유는 종부세를 지켜줄 '천사'가 없기 때문입니다.

예를 들어보겠습니다. 2020년 8월 정부는 부동산 투기를 막을 목적으로 급하게 종부세를 올렸고, 개정된 세법이 2021년 12월에 적용되었습니다. 아무리 부자들이 내는 세금이라지만 너무 크게 오른 세금 수준이 보도되었고, 여기에 더해 다주택자를 잡으려다가 억울한 서민까지 징벌적으로 과세된 사례가 언론을 통해 다수 보도됐습니다. 이사 과정에서 일시적으로 2주택이 된 사람, 500만 원짜리 부모님 주택을 상속받았는데 종부세 1천만 원을 고지받은 사람, 다 쓰러져가는 시골주택 때문에 다주택자가 된 사람, 다 같이 살려고 협동조합주택을 지었는데 다 같이 세금폭탄을 맞은 공동체 등등. 이렇게 종부세가 천덕꾸러기 대우를 받는 동안 기대했던 종부세 호위 천사는 나타나지 않았습니다.

2022년에 징수된 종부세 6조 7,988억 원은 228개 지방자치단체에 골고루 뿌려져 지역 주민의 일상생활에 요긴하게 사용되었지만, 주민들은 그것이 종부세에서 온 건지 별에서 온 건지 체감하기 어려웠죠. 기초자치단체장들도 종부세 호위무사로 나서지 않았어요. 만약 종부세 전액을 지역 사회 체육관 건립 및 운용에 사용했다면, 우리나라는 동네마다 체육관이 촘촘히 들어선 나라로 자랑스럽게 소개되고 전국의 '몸짱'들이 종부세 호위무사를 자처했을지도 모르지요.

근본적으로 조세저항은 정부가 왜 세금을 거두느냐의 문제입니다. 그러므로 정부는 세금이라는 고통을 뛰어넘는 중요한 사회적 성취가 있는지 국민에게 보여주고 느끼게 해줘야 합니다. 이제 우리는 부동산 대못 대신 부동산 호위 '천사'를 찾으려 합니다.

토재배당제의 네 개 날개

토지배당제의 핵심은 공평한 분배, 종부세 폐지, 토지만 과세, 보유 토지 합산 등 총 네 가지입니다. 이 네 가지가 천사의 날개가 될 수 있을지 살펴보겠습니다.

첫째, 앞서도 설명했듯이 대한민국 토지에 대한 권리는 모든 국민에게 똑같이 있기에 토지에서 나온 세금은 모두가 공평하게 나눠 가집니다. 그러니까 세금과 혜택이 한 번에 결정됩니다. 일단 세금을 내고 난 다음 돌려받는 게 아닙니다. 우선 개인별로 세금을 계산합니다. 그리고 국민이 부담하는 총 세금을 계산해서 모두가 나눠 가질 수 있게 평균 배당액을 계산합니다. 최종적으로 개인 세금에서 토지배당액을 뺀 고지서를 모든 개인에게 전달합니다. 토지가 없는 국민은 토지배당액을 모두 받고, 소액의 토지를 가진 국민은 토지배당액에서 세금을 떼고 현금을 받게 되며, 토지가 많은 개인과 법인은 세금을 부담하게 됩니다.

둘째, 종합부동산세는 폐지합니다. 2005년 도입되어 정권의 성격에 따라 세금의 가중이 변화되어온 종부세는 폐지되고 토지배당제로 다시 태어납니다. 다주택자의 투기 차단을 위해 1주택자, 2주택자, 3주택 이상 보유자에 따라 과세 기준과 세율에 차별을 두었던 부분을 과감하게 폐지하고 단일세율로 단순화합니다. 종부세보다 세율을 낮추고 다주택자 중과세율을 없애기 때문에

기존 종부세 중과 대상자 중 일부는 세금 부담이 줄어들 수 있습니다.[3]

셋째, 토지공개념 정신에 따라 토지에만 과세합니다. 즉 종부세의 과세 대상이었던 건물분은 세금 대상에서 제외됩니다. 건물분이 토지배당제의 대상이 되려면 건물에 대해서도 모든 국민이 똑같은 권리를 가졌다는 근거가 제시되어야 하는데, 건물은 그런 대상이 되지 못합니다. 따라서 주택이나 상가·빌딩에 대해서는 부동산에서 건물분을 제외한 토지분에만 과세합니다.

요즘 '핫'하다는 서울 성수동에 가면 특이한 현장을 볼 수 있습니다. 서울숲 오른쪽에는 전국에서 가장 비싸다는 49층 높이의 아파트가 있습니다(성수동1가 700번지). 그리고 왼쪽에는 유사한 면적인데 몇 년째 개발이 멈춰버린 토지가 있죠(성수동1가 701번지). 토지배당제는 성수동1가 700번지와 701번지 땅에 대해 과세하고, 그 위에 인간의 노력과 화려한 기술로 지어진 최고급 건물은 과세 대상에서 제외하는 것입니다. 과세 대상에서 건물을 제외하는 것은 건물을 짓는 생산활동의 부담을 줄여주고 나아가 인간의 창의력과 기술을 더 발전할 수 있게 합니다.

넷째, 개인과 법인이 각각 보유한 모든 토지를 합산해서 계산합니다. 경제주체는 다양한 형태로 전국 곳곳의 땅을 보유하고 있는데, 이들이 보유한 토지의 가액을 모두 합산해 세금을 매깁니다. 단 농지, 생산에 이용하는 토지, 종중 토지, 재산세에서 감면

　　　　　　　　　토지배당제의 호위 '천사'

하는 토지 등 이미 국가에서 그 용도에 대해 혜택을 주고 있는 토지에 대해서는 기존의 방식을 존중해서 조정합니다. 그렇다고 합산에서 배제하는 것은 아닙니다. 반대로 노른자 토지에 건축물을 짓지 않고 땅값이 오르기만 기다리는 토지는 세금을 제대로 부담하게 됩니다. 그래야 방치된 토지가 생산적으로 이용될 수 있으니까요.

앞에서 우리는 다주택자에 대한 종합부동산세 중과는 없애는 걸 원칙으로 제시했습니다. 오직 주택이 깔고 있는 땅 가격을 합해서 세금을 부과합니다. 이렇게 하면 다주택자의 부담이 낮아질 수 있습니다. 그러나 집도 여러 채 소유하고 있고, 상가·빌딩도 가지고 있고, 농지와 임야 등도 보유한 개인은 종전보다 세금 부담이 증가할 것입니다. 왜냐하면 지금처럼 주택은 주택 따로, 상가·빌딩이 들어서 있는 땅은 그 땅 따로, 농지는 농지대로, 임야는 임야대로 분리해서 과세하는 것이 아니라 모든 땅을 합해서 부과하기 때문입니다. 우리가 익히 알고 있듯이 종부세 부담자들의 상당수는 주택 이외의 부동산을 보유하고 있습니다.

이 네 개 날개가 완성되면 호위 '천사'가 자연스럽게 나타납니다. 토지를 가지지 못한 40% 가까이 되는 세대는 '진성' 호위 천사가 됩니다. 토지가 없는 40% 가까이 되는 세대는 종부세를 크게 강화하는 것에 대해서도 반응하지 않았던 세대였습니다. 대상자가 아닌데도 잘못된 언론의 영향 때문인지 오히려 종부세 강화를 반대하기도 했죠. 그러나 토지배당제를 이해하면, 그리고 '배당고지서'를 받아보면, 즉 효능감을 맛보면 강력 지지자로 바뀌게 됩니다. 물론 부동산을 적당히 소유한 세대도 '천사'가 됩니다. 부담보다 혜택이 많기 때문이죠. 그리고 토지배당제가 정착되어 투기가 잘 안 일어나고 투기로 인한 불로소득의 규모가 크게 줄어들어 사회가 안정되면 '천사'의 수는 점점 더 늘어날 것입니다.

토지배당제의 호위 '천사'

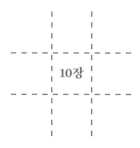

10장

토지배당제
설계 도면

토지배당제는 전국에 개인과 법인이 보유한 토지가액을 기준으로 세금을 걷게 됩니다. 하지만 개인이 보유한 토지가액에 바로 세율을 적용하는 것은 아닙니다. 토지마다 역사가 있고 그 사용 목적이 다르기 때문이죠. 다른 세목을 예로 들어볼게요. 노동소득이 똑같은 두 명의 노동자가 있더라도 부양하는 가족이 몇 명인지, 가족 중 어르신은 계신지, 갓 태어난 아기가 있는지, 국민연금보험을 얼마나 냈는지, 주택담보대출 원리금상환액은 있는지 등등 가구의 밥숟가락 개수 같은 요인들을 모두 세금 계산에 반영합니다.

토지배당제＝기본소득＋토지보유세

토지도 마찬가지입니다. 토지의 중요도에 따라 등급을 달리하게 됩니다. 농지, 밭, 과수원, 목장용지 등 친환경적으로 사용되는 토지는 지금도 재산세에서 매우 낮을 세율을 적용하고 있습니다. 당연히 토지배당제도 이런 요인들을 감안해야 합니다. 공장용지, 종중 토지, 재산세 감면 토지 등도 마찬가지로 세 부담을 가볍게 해줘야 합니다. 대신 건물이 깔고 있는 토지, 놀고 있는 나대지 등에 대해서는 토지 등급을 정상적으로 평가해서 제대로 세금을 부과해야 하고요. 다시 한번 강조하지만 그렇더라도 모든 토지를 합산하는 것에는 변함이 없습니다.[1]

이렇게 해서 세율을 적용하는 과세표준을 계산하게 됩니다. 세율은 모두에게 똑같은 하나의 세율을 적용하되, 과세표준금액이 올라갈수록 세금이 많아지는 누진세 구조를 가집니다. 소득세도, 법인세도, 종부세도, 재산세 주택분도 누진세 구조입니다.

마지막으로 재산세에서 부담했던 토지분 세금을 모두 공제해 줍니다. 하나의 토지에 재산세도 부과하고 토지배당을 위한 토지보유세도 부과하면 이중과세가 되거든요. 토지배당제가 자연스럽게 정착되면 재산세 토지분을 폐지하고 토지배당제로 세금을 부과한 후 이전 재산세만큼 지방자치단체에 배분하는 방식으로 단순화하는 방법도 가능합니다. 언제나 어디서나 납세자에겐 간편

토지배당제 설계 도면

한 것이 좋습니다. 수식으로 개인이 받을 토지배당액을 표현하면 다음과 같습니다.

$$개인\ 토지배당액 = '평균'\ 토지배당액^2 - 토지보유세$$
$$= '평균'\ 토지배당액 - (보유토지합계 \times 누진세율 - 재산세\ 토지분)$$

토지가 없는 사람은 어떻게 될까요? 토지보유세가 '0'이므로 '평균' 토지배당액이 개인 토지배당액이 됩니다. 토지가 조금 있거나 적당히 있는 사람은 '평균 토지배당액 〉 토지보유세'이므로 배당액이 플러스가 될 것입니다. 토지를 과다하게 보유한 사람은 배당액이 마이너스, 즉 혜택보다 부담이 커집니다.

전액배당 그룹, 일부배당 그룹, 순세금 그룹

토지배당제의 설계도를 그림으로 표현해보겠습니다. 먼저 네덜란드 경제학자 펜Jan Pen이 소득분배를 퍼레이드로 설명한 것처럼, 보유한 토지가액(공시가격)을 기준으로 줄을 세웁니다. 토지가 없는 65% 3,400만 명의 국민이 제일 먼저 출발합니다. 이들은 토지가액이 0이기 때문에 토지보유세도 0입니다. 그래서 '평균' 토지배당액을 전액 받습니다. '전액배당' 그룹입니다.

이어서 땅이 조금 있는 국민의 퍼레이드가 시작됩니다. 가진 땅만큼 세금을 부담하지만, 이보다 '평균' 토지배당액이 더 많기 때문에 세금을 내지 않습니다. 하지만 점점 토지가액이 많아지면 세금과 '평균' 토지배당액이 같아지고, 결국 개인 토지배당액은 0이 됩니다. 국민 중 25%인 1,300만 명은 '평균' 토지배당액보다 적은 금액을 돌려받게 됩니다. '일부배당' 그룹입니다.

보유한 땅이 많고 비싸서 토지보유세가 '평균' 토지배당액보다 많아지면 세금을 부담하게 됩니다. 전체 국민 중 약 10%, 전체 법인 중 역시 약 10%가 '순세금' 그룹에 해당됩니다. 여기서 법인은 개인처럼 세금을 부담하지만, 땅을 적게 보유했다고 해서 토지배당을 받는 것은 아닙니다. 토지배당은 오직 개인에게만 지급합니다.

나비의 양 날개

토지배당제를 그림으로 표현하면 나비 모양이 됩니다. 다음 〈그림 11〉은 전 국민을 가로축 기준으로 토지가액순으로 줄을 세운 후 세금을 얼마나 내고 배당을 얼마나 받는지 표현한 그래프입니다. 그림의 세로축(Y축)에서 양수는 돌려받는 돈을, 음수는 내

토지배당제 설계 도면

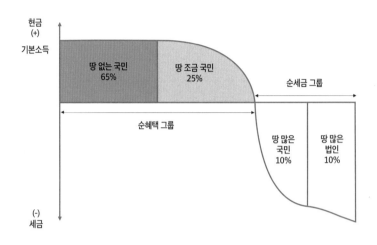

〈**그림 11**〉 토지배당제의 기본 구조

야 하는 세금을 의미합니다.

먼저 땅이 전혀 없는 65% 국민은 세금이 없고 평균 토지배당액을 전액 받습니다. 땅이 조금 있는 인원은 소액의 세금을 제하고서 토지배당액을 받습니다. 그래서 점점 감소하는 모양의 그림이 그려집니다. 땅이 많은 나머지 10% 국민은 세금을 내야 합니다. 마지막으로 토지를 많이 보유한 법인이 세금을 부담합니다. 종부세도 법인이 개인보다 많이 내고 있는데, 고액의 토지를 보유한 법인이 세금을 부담하게 되면서 토지배당의 양 날개가 모두 그려집니다.

토지배당제 나비의 양 날개 크기는 비슷합니다. 왼쪽 날개는 토지가 없거나 소액 보유한 개인이 돌려받는 현금의 크기를, 오른

쪽 날개는 토지를 많이 보유한 개인과 법인이 부담하는 세금의 크기를 각각 의미합니다. 만약 한쪽 날개가 커진다면 다른 쪽 날개도 똑같이 커지도록 제도가 설계되었습니다.[3]

세 가지 핵심 사항

토지배당제의 핵심 사항은 세 가지고, 모두 나비 그림에 표현돼 있습니다.

① 토지배당액(기본소득)이 얼마인가? [왼쪽 날개 높이]
② 혜택을 받는 개인(가구) 비율은 얼마인가? [왼쪽 날개 길이 비율]
③ 토지가액(주택가액)이 얼마면 세금을 내는가? [나비의 중심 위치]

토지배당액은 나비 날개의 폭이 결정합니다. 토지배당제를 위한 토지보유세가 많이 걷히면 그만큼 날개의 폭이 커지죠. 흥미로운 점은 날개가 커지면 나비가 안정적으로 멀리 날 수 있다는 것입니다. 다시 말해서 날개가 커질수록 불평등은 줄어들고 안정적이며 사회의 역동성은 더 커집니다.

순혜택 비율은 그래프의 왼쪽 날개 길이 비율에 해당합니다. 토지배당은 개인별로 세금과 배당이 결정되지만, 최종 수혜 여부는 온 가족의 금액을 합산해야 알 수 있습니다.[4] 우리가 설계한 토지배당제는 가구 단위로 순혜택 비율이 95.1%에 해당합니다. 앞서 토지가 한 뼘도 없는 개인이 65%라고 했는데, 가구(세대)로 환산하면 40% 가까이 되고, 가구원 모두 토지배당 전액을 받게 됩니다. 대신 소액의 토지를 가진 50-55% 가구는 일부 세금을 제하고 토지배당을 받게 됩니다. 고액의 토지를 가진 4.9%의 가구와 토지를 많이 보유한 법인(전체 법인의 10% 정도)은 가구원 전체가 받는 토지배당액보다 토지보유세가 더 많아서 부담하는 세금이 더 많습니다.

주택만 보유한 사람들은 자신이 토지배당액을 받게 될지 관심이 많을 것입니다. 나는 땅이 없으니 '평균' 토지배당액 전액을 받게 될 것이라고 생각하는 사람도 있을지 모르겠습니다. 그러나 앞서 말했듯이 주택을 소유한 사람은 땅도 소유한 것이기 때문에 토지보유세를 부담해야 합니다. 아파트도 마찬가지예요. 아파트를 소유한 사람은 아파트 전체 토지에서 일정 비율을 소유한 것입니다. 그러므로 주택 소유자의 관심은 주택이 깔고 있는 땅에 대한 토지보유세가 평균 토지배당액보다 많을지 적을지가 되겠지요. 그렇다면 주택가액이 얼마면 세금을 내게 될까요? 그 금액은 2022년 기준으로 1주택 3인 가구의 경우 주택가액 15억 원이[5] 변곡점이 되도록 설계했습니다. 한 번 더 설명하면, 가구원 수가 줄어들면 토지배당액이 줄어서 세금분기점 주택가액이 낮아지고,

가구원 수가 많아지면 고액의 주택을 보유하더라도 세금을 내지 않게 됩니다.

이런 세금이 가능할까?

세금을 거두고 동시에 현금으로 돌려주는 경우가 현실에서 가능할까요? 가능합니다. 이런 제도를 환급제도라고 하죠. 두 가지 형태의 환급제도를 소개하겠습니다.

먼저 자기가 낸 세금을 돌려받는 경우입니다. 월급을 받는 노동자는 월급에서 대략적인 금액을 매달 세금으로 납부하고, 매년 1월 연말정산을 통해 정확한 세금(결정세액)을 계산한 후 대략적인 세금(기납부 원천세액)과 비교합니다. 만약 미리 낸 세금이 많다면 세금을 돌려받는데 이것을 환급이라고 합니다.

두 번째는 남이 낸 세금을 내가 돌려받는 경우입니다. 우리나라의 근로장려금 및 자녀장려금이 여기에 해당합니다. 일은 하지만 소득이 적어 생활이 어려운 근로자와 사업자 가구에 대해 장려금을 지급하여 근로와 자녀 양육을 지원하는 제도죠. 놀랍게도 국세청이 장려금 제도를 운영하는데, 매년 5월 국세청에 신청합니다. 이 제도는 소득세(세금)와 장려금(현금 지급)을 연결한 제도입니다. 국세청이 근로자와 사업자를 대상으로 소득세를 징수하고

〈표 4〉 토지배당제에서 환급과 세금 결정

조건	세금 < 배당	세금 = 배당	세금 > 배당
결과	마이너스 세금(환급)	0	세금

이 금액에서 저소득 근로계층에게 장려금을 지급합니다. 앞서 연말정산이 세금을 낸 사람과 환급을 받는 사람이 동일하다면, 이 제도는 세금을 낸 사람(소득세 신고자 등)과 환급을 받는 사람(저소득 근로 가구)이 다릅니다.[6] 예를 들어 한 저소득 근로 가구가 근로장려금 100만 원을 받았다면, 이 100만 원은 다른 사람이 낸 소득세에서 돌려받는 것입니다.

토지배당제도 두 번째 환급제도인 근로장려금과 같은 형태입니다. 근로장려금이 소득세와 장려금을 연결한 제도라면, 토지배당제는 토지보유세와 기본소득(토지배당액)을 연결한 제도입니다. 위 〈표 4〉와 같이, 개인의 토지에서 거둔 세금과 토지배당액을 비교해서 개인이 현금을 돌려받을지 세금을 납부할지 국세청에서 결정합니다. 배당액이 세금보다 많으면 환급받는 것이고, 같으면 해당 사항이 없는 것이며, 세금이 많으면 배당액을 차감한 세금을 납부하게 되는 것입니다. 물론 이 내용은 각 개인에게 송달되는 고지서에 상세히 기록될 것입니다.

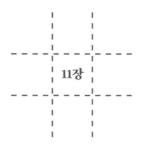

11장

이렇게 전환한다

동물과 인간이 다른 점은 인간은 자신의 꿈을 삶에서 키워간
다는 것입니다. 국가 공동체도 마찬가지입니다. 국민 다수가 비슷
한 꿈을 꾸면 현실이 됩니다. 그래서 우리가 이 책을 쓴 것이고요.
마찬가지로 정책도 같은 과정을 통해 성숙합니다. 종부세 또한
2005년에 도입돼 전진과 후퇴를 반복하며 2023년 현재까지 17년
동안 부동산 가치가 빠르게 올라간 지역에서 발생한 이익을 상대
적으로 발전이 더딘 지역에 되돌려주는 역할을 해왔습니다. 토지
배당제도 도입되고 성숙하려면 종부세와 마찬가지로 시간이 걸
릴 것입니다. 거기에 걸맞은 비전과 전략이 필요합니다.

지금, 당장!

우리가 제안하는 건 지금의 종합부동산세(이하 종부세)를 폐지하고 토지배당제를 도입하는 것입니다. 그렇다면 토지배당제를 도입하지 않고, 다시 말해서 현재의 종부세 하에서 '지금, 당장' 시작할 수는 없을까요? 종부세의 세금 사용처를 다양하게 하는 방식을 통해서 가능합니다. 현재 종부세는 2021년 6조 1,302억 원,[1] 2022년 6조 7,988억 원이 걷혔고, 228개 기초지방자치단체(시군구)에 평균 300억 원씩 전액 나눠주고 있습니다. 종부세는 주택분이 있고 토지분이 있는데, 각각 토지분을 토지배당으로, 주택분은 지방으로 배분하는 것으로 토지배당제를 시작할 수 있습니다.

2022년 종부세액은 주택분 3조 2,970억 원(전체의 49%), 토지분 3조 4,228억 원(51%)이었습니다. 최근 과세액이 많이 증가한 주택분은 과거와 같이 지방자치단체에 전액 나눠주고, 나머지 토지분은 토지배당으로 사용하는 것입니다. 2018년 이전 종부세가 2조 원 미만이었다가 최근 6조 원대 규모로 제도가 성숙한 점을 고려하면, 주택분을 지방자치단체에 배분하고 나머지 토지분은 용도를 바꿀 수 있다는 것이죠.[2]

지방에 나눠주던 일부 금액을 국민에게 직접 나눠주는 데에 문제가 없을까요? 5,200만 명의 인구에게 골고루 나눠주면 1인당 1년에 5만 5천 원을 분배할 수 있습니다. 3인 가족은 총 16만 5천

원이 되지만, 용돈 수준에도 미치지 못하는 금액이죠. 만약 정책 대상을 10분의 1인 520만 명으로 줄이면 지급액을 열 배인 연 55만 원으로 늘릴 수 있겠지만, 이렇게 하면 토지에 대한 권리가 모두에게 평등하다는 정신에, 그리고 모두에게 똑같이 나누어주는 기본소득에 맞지 않게 됩니다. 중대한 문제가 발생하는 게 아니라면 원칙을 지킬 필요가 있습니다.

이런 경우엔 효과를 극대화하기 위해 지역화폐 예산으로 사용하는 방법도 있습니다. 첫 번째 방식은 우리가 계산한 대로 1인당 5만 5천 원 전액을 지역상품권으로 주는 방식입니다. 코로나19 시절 '재난지원금'처럼 5.5만 원을 바로 쓴다고 생각하면 이해가 쉽습니다. 이것은 주로 소득이 낮은 인원에게 적용해볼 수 있습니다.

두 번째 방식은 할인된 지역상품권을 저렴하게 구입하도록 하는 방식입니다. 현재의 지역사랑상품권이 이런 형태인데, 주로 소득이 있는 인원에게 적용해볼 수 있습니다. 왜 이런 방식을 채택하느냐고요? 작은 예산으로 큰 소비효과를 보기 위해서입니다. 예를 들어 1만 원의 지역상품권에서 1000원은 정부가 부담하고 나머지 9000원은 소비자가 부담하면(할인율 10%) 예산 대비 소비효과가 열 배로 커집니다.

국민의 주머니 상황에 맞게 두 가지 지역화폐 방식을 모두 사용할 수 있습니다. 모든 국민에게 두 번째 방식인 지역상품권 구매방식으로 기본소득을 나눠주면, 예산이 2.8조 원이므로 그 열

배인 28조 원의 소비효과를 유발할 수 있습니다. 만약 60%의 중고소득층만 지역상품권 구매권을 지원한다면 모든 국민을 통틀어 18조 원([2,000만 명×5.5만 원]+[3,100만 명×55만 원])의 소비효과를 기대할 수 있습니다. 핵심은 지역 소상공인과의 상생을 위해 소비를 극대화하는 데 있습니다.

제도 대전환

종부세에서 토지배당제로 전환하는 길은 좀 더 복잡합니다. 복잡한 내용을 쉽게 쓰다 보면 오해가 생길 수 있기에 전문 세무 회계 용어를 사용해서 설명하겠습니다.

부동산은 주택, 건축물, 토지로 구분되는데, 특히 토지는 재산세 항목에 따라 세금이 부과되는 과세대상 토지와 비과세대상 토지로 구분됩니다. 비과세대상 토지는 말 그대로 세금이 부과되지 않는 토지로서 정부가 보유한 하천, 도로, 철도, 산지 등이 해당됩니다. 과세대상 토지는 용도에 따라 별도합산 토지, 종합합산 토지, 분리과세 토지 등 세 가지로 나뉩니다. 대략 설명하면 별도합산 토지는 상가·빌딩이 깔고 있는 토지고, 종합합산 토지는 나대지 같이 놀고 있는 땅이고, 분리과세 토지는 농지·임야와 같은 토지입니다.

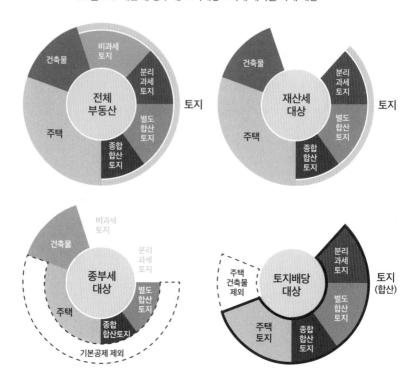

〈그림 12〉 재산세, 종부세, 토지배당토지세 세목별 과세 대상

　〈그림 12〉를 보면, 재산세는 주요 여섯 가지 형태의 부동산에 서 비과세대상 토지를 제외한 다섯 가지 항목에 대해 물건별로 세 금을 매깁니다. 말하자면, 피자 한 조각을 빼는 형태지요. 종부세 는 재산세 대상에서 건축물과 농지·임야 등을 의미하는 분리과세 토지를 추가로 제외하고, 나머지 세 개 항목 또한 소액 규모의 부 동산(기본공제액)은 과세 대상에서 제외합니다. 만약 여러분이 보 유한 부동산의 공시가격이 주택의 경우 12억 원(다주택의 경우 9억

원)이 안 되면, 종합합산 토지의 경우에는 5억 원이 안 되면, 별도
합산 토지의 경우에는 80억 원이 안 되면 종부세가 부과되지 않습
니다. 그러다 보니 종부세는 절반만 남은 피자에서 피자 크기마저
작아진 형태가 됩니다.

마지막으로 토지배당제는 반쪽짜리 피자 형태를 보입니다. 재
산세와 비교하면, 재산세 과세 대상에서 건축물과 주택에 포함된
건물분이 제외됩니다. 종부세와 비교하면 분리과세 대상과 기본
공제액 이하 부동산이 토지배당제의 토지보유세에 포함되는 반
면 주택의 건축물이 제외됩니다. 앞서도 말했지만 토지배당제의
토지보유세가 재산세 및 종부세와 다른 점이 있다면, 항목별 혹은
물건별로 세금을 매기는 것이 아니라 보유한 토지를 모두 합산해
서 통으로 과세한다는 점입니다. 용도와 관계없이 비슷한 가액의
토지를 보유한 사람은 같은 세금을 부과하는 수평적 공평성과 비
싼 토지를 보유할수록 더 많은 세금을 부과하는 수직적 공평성의
정신을 동시에 실현한 것이 토지배당제를 위한 토지보유세입니다.

대전환 이후

토지배당제는 시작이 반입니다. 그냥 하는 말이 아니라 일단
시작하면 후퇴나 폐지가 불가능에 가깝습니다. 따라서 제도의 성

147

공적 전환이 가장 중요합니다. 토지배당제는 생산성이 높거나 기존에 낮은 세율이 적용됐던 토지에 낮은 과표적용률을 적용하면 세금 부담을 낮게 시작할 수 있습니다. 또 단계별로도 실행할 수 있습니다.

첫 번째 단계는 현행 종부세 대상 토지부터 합산하는 방법을 고려해 볼 수 있습니다. 종합합산 토지와 별도합산 토지와 주택이 깔고 있는 땅을 합산하는 것이죠. 두 번째 단계는 논, 밭, 목장용지 등 분리과세 토지에 낮은 과표적용률을 적용하여 합산합니다. 그리고 마지막에 어느 정도 성숙한 시점에서 과표적용률을 단계적으로 강화하는 것입니다.

여기서 확언할 수 있는 것은 종부세와 토지배당제는 다른 경로를 갈 것이라는 점입니다. 토지배당제는 이 제도를 지키기 위한 호위 '천사'가 항상 활동할 것이고, 그래서 앞으로 나아갈 가능성이 매우 높습니다. 이 책을 읽는 대부분의 독자가 '천사'가 될 것이 분명합니다.

4부

90% 이상의
국민이
혜택을 입다

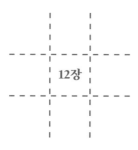

우리 가족에게 도착한
'배당고지서'

토지배당제가 시행되면 매년 연말 아래와 같은 토지배당 고지서가 도착합니다. 고지서는 두 종류입니다. 하나는 '개인' 고지서, 또 하나는 '가구주'(세대주) 고지서. '개인' 고지서는 말 그대로 모든 개인에게 발행되는 고지서고, '가구주' 고지서는 모든 가구원의 배당 내용과 가구의 최종 순수혜(순부담)액을 보여줍니다. 아래에서는 '가구' 고지서를 예로 보여주려고 합니다.

우리가 설계한 토지배당제, 즉 모든 사람에게 연 50만 원의 토지배당을 지급하는 것으로 계산하면 95.1%의 가구가 부담보다 혜택이 더 많습니다. 물론 처음에 낮게 잡은 과표적용률을 점차 현실화하거나 세율을 강화하면 배당액도 늘어납니다(〈부록〉 1장 참조).

부동산 무소유 4인 가구의 토지배당액

먼저 주택 또는 토지를 소유하지 않고 전·월세로 사는 4인 가구의 경우를 살펴보겠습니다. 토지가 없기 때문에 내야 할 토지보유세는 없고 받을 토지배당액만 있습니다. 이 4인 가구의 토지배당액은 1인당 50만 원이므로 총 200만 원이 되겠죠.

〈표 5〉 세입자 가구(가구원: 4인)

항목		금액(원)	비고
낼 금액	소유 주택 시가	0	
	주택 공시가격	0	
	토지분 공시가격(과세표준)	0	
	토지보유세 산출세액(A)	0	
	공제할 토지분 재산세(B)	0	
	토지보유세 결정세액(C=A-B)	0	
받을 금액	토지배당액(D)	2,000,000	가구원 수 4인, 1인당 50만 원
최종 수령액(D-C)		2,000,000	

우리 가족에게 도착한 '배당고지서'

<표 6> 시가 5억 주택 소유 3인 가구

항목		금액(원)	비고
낼 금액	소유 주택 시가	500,000,000	
	주택 공시가격	345,382,043	시가 반영 비율 69.1% 적용
	토지분 공시가격(과세표준)	204,535,246	토지 비율 65.8% 적용
	토지보유세 산출세액(A)	818,141	부부 공동명의 기준
	공제할 토지분 재산세(B)	345,173	기 납부 재산세 공제
	토지보유세 결정세액 (C=A-B)	472,968	
받을 금액	토지배당액(D)	1,500,000	가구원 수 3인, 1인당 50만 원
	최종 수령액(D-C)	1,027,032	

시가 5억 원의 주택을 소유한 3인 가구에게 전달된 고지서의 내용은 어떨까요?

위의 고지서에서 보듯이 이 가구의 경우 토지보유세의 과세표준은 약 2억 원이 됩니다. 토지보유세 세율을 적용하면 82만 원의 토지보유세가 산출되는데, 여기에 재산세 토지분을 공제하면 납부할 토지보유세는 47만 원입니다. 재산세를 공제하는 이유는 동일한 대상에 대해 재산세도 내고 토지보유세도 부담하는 것은 이중과세이기 때문입니다. 그런데 토지배당액은 3인 가구라 150만 원이므로 최종 수령액은 약 103만 원이 됩니다. 만약 4인 가구라

면 최종 수령액은 153만 원이 되겠죠. 거듭 말하지만 토지배당액
은 처음엔 1인당 50만 원으로 시작해 국민적 동의와 합의에 따라
과표적용률 또는 세율을 높여 점차 늘려갈 수 있습니다.

한국부동산원이 발표한 자료에 따르면 2023년 평균주택가격
이 3억 8,425만 원(공동주택의 중위값은 1억 6,900만 원)이므로 5억
원이면 평균 이상입니다. 그러므로 집을 한 채 가진 가구는 대부
분 순수혜 가구가 됩니다.

90% 이상의 서울시 가구가 순수혜

이제 시가 10억 원의 주택을 소유한 4인 가구를 계산해보겠습
니다.

고지서에서 보듯이 시가 10억 원의 주택을 소유한 4인 가구의
연간 토지배당 순수혜액은 약 129만 원입니다. 이 가구의 토지보
유세 과세표준은 4억 900만 원입니다. 토지배당세 세율을 적용하
면 164만 원의 토지보유세가 산출되고, 여기에 재산세 토지분을
공제하면 납부할 토지보유세는 71만 원입니다. 토지배당액은 4인
가구라 200만 원이므로 최종 수령액은 약 129만 원입니다.

시가 25억 원의 아파트를 소유한 경우를 계산해보겠습니다.
시가 25억 원의 아파트를 소유한 경우 기존의 재산세 이외에 추가

우리 가족에게 도착한 '배당고지서'

〈표 7〉 시가 10억 주택 소유 4인 가구

항목		금액(원)	비고
낼 금액	소유 주택 시가	1,000,000,000	
	주택 공시가격	690,764,086	시가 반영 비율 69.1% 적용
	토지분 공시가격(과세표준)	409,070,492	토지 비율 65.8% 적용
	토지보유세 산출세액(A)	1,636,282	부부 공동명의 기준
	공제할 토지분 재산세(B)	921,757	기 납부 재산세 공제
	토지보유세 결정세액(C=A-B)	714,525	
받을 금액	토지배당액(D)	2,000,000	가구원 수 4인, 1인당 50만 원
최종 수령액(D-C)		1,285,475	

〈표 8〉 시가 25억 주택 소유 4인 가구

항목		금액(원)	비고
낼 금액	소유 주택 시가	2,500,000,000	
	주택 공시가격	1,726,910,215	시가 반영 비율 69.1% 적용
	토지분 공시가격(과세표준)	1,022,676,229	토지 비율 65.8% 적용
	토지보유세 산출세액(A)	5,358,734	부부 공동명의 기준
	공제할 토지분 재산세(B)	3,267,094	기 납부 재산세 공제
	토지보유세 결정세액(C=A-B)	2,091,639	
받을 금액	토지배당액(D)	2,000,000	가구원 수 4인, 1인당 50만 원
최종 수령액(D-C)		-91,639	

<표 9> 주택가액 및 가구원 수에 따른 토지배당 순수혜액

소유 주택 시가	토지배당 순수혜액(만 원)						
	1인 가구	2인 가구		3인 가구		4인 가구	
		단독소유	공동소유	단독소유	공동소유	단독소유	공동소유
1억 원	39	89	89	139	139	189	189
2억 원	28	78	78	128	128	178	178
3억 원	19	69	69	119	119	169	169
4억 원	10	60	60	110	110	160	160
5억 원	3	53	53	103	103	153	153
6억 원	-4	46	46	96	96	146	146
7억 원	-11	39	39	89	89	139	139
8억 원	-15	26	35	76	85	126	135
9억 원	-18	11	32	61	82	111	132
10억 원	-21	-4	29	46	79	96	129
11억 원	-24	-19	26	31	76	81	126
12억 원	-27	-35	23	15	73	65	123
13억 원	-30	-50	20	0	70	50	120
14억 원	-14	-46	36	4	86	54	136
15억 원	-20	-64	30	-14	80	36	130
16억 원	-34	-90	16	-40	66	10	116
17억 원	-48	-116	2	-66	52	-16	102
18억 원	-62	-143	-12	-93	38	-43	88
19억 원	-76	-169	-26	-119	24	-69	74
20억 원	-90	-195	-40	-145	10	-95	60
21억 원	-104	-221	-53	-171	-3	-121	47
22억 원	-117	-247	-67	-197	-17	-147	33

우리 가족에게 도착한 '배당고지서'

23억 원	-131	-274	-81	-224	-31	-174	19
24억 원	-145	-300	-95	-250	-45	-200	5
25억 원	-159	-326	-109	-276	-59	-226	-9
26억 원	-173	-352	-123	-302	-73	-252	-23
27억 원	-187	-378	-137	-328	-87	-278	-37
28억 원	-201	-404	-151	-354	-101	-304	-51
29억 원	-215	-431	-165	-381	-115	-331	-65
30억 원	-237	-470	-187	-420	-137	-370	-87

*공동소유는 부부 2인이 지분 50%씩 공동소유하는 것을 가정함.

로 납부할 토지보유세는 209만 원입니다. 4인 가족의 토지배당 수령액이 200만 원이므로 이 가구의 순부담액은 9만 원이 됩니다. 25억 원의 주택 소유 가구의 부담도 그리 크지 않습니다.

〈표 9〉를 통해 주택 시가별, 가구원 수별로 자신의 가구가 얼마를 받을 수 있을지 알 수 있습니다. 1인 가구는 시가 5억 주택까지, 2인 가구는 1인 단독 소유일 경우 9억 원까지, 부부 공동소유일 경우 17억 원까지 순수혜 가구가 됩니다. 3인 가구는 공동소유의 경우 시가 20억 원까지, 4인 가구는 시가 24억 원까지 순수혜 가구가 되죠. 서울시의 경우에도 90% 이상의 세대가, 심지어 강남구의 경우에도 70% 이상의 세대가 순수혜 가구가 됩니다.

마지막으로 4인 가구면서 시가 10억 원 주택과 5억 원 주택, 즉 2주택 보유자이고 상속받은 농지 3억 원을 보유한 가구의 부담과 혜택을 살펴보겠습니다. 그런데 놀랍게도 총 15억 원 상당의 2

〈표 10〉 시가 10억 원과 5억 원 주택 및 농지 3억 원 소유 4인 가구

항목		금액(원)	비고
낼 금액	토지분 공시가격(과세표준)	655,051,583	시가 반영 비율 69.1% 적용, 농지에 대한 과표적용률 20%
	토지보유세 산출세액(A)	2,620,206	
	공제할 토지분 재산세(B)	1,295,942	기 납부 재산세 공제
	토지보유세 결정세액(C=A-B)	1,324,264	
받을 금액	토지배당액(D)	2,000,000	가구원 수 4인, 1인당 50만 원
최종 수령액(D-C)		675,736	

* 토지보유세는 인별 과세이나 편의상 가구원의 토지보유세 전체를 합산하여 간략히 표기함.

주택과 농지를 보유한 이 가구도 연간 약 68만 원의 순수혜 가구
가 됩니다.

이상에서 살펴본 것과 같이 무주택자뿐 아니라 유주택자도 대
부분 토지배당의 순수혜자가 됩니다. 이를 통해 토지보유세에 대
한 조세저항을 극복하고 토지가치의 일부분을 모두가 고루 누릴
수 있습니다. 또 국민의 90% 이상을 차지하는 순수혜 가구가 이
제도의 효용성을 체감하고 정당성에 공감하는 지지자가 된다면
토지배당액의 크기를 더욱 늘려나갈 수 있을 것입니다. 토지배당

우리 가족에게 도착한 '배당고지서'

액의 크기가 커질수록 토지의 가치는 더욱 평등하게 누리고 부동산 투기와 불로소득은 더 줄어들 것이며 불평등은 더 크게 완화될 것입니다.

연도별 로드맵

마지막으로 11장에서 제시한 전략대로 토지배당제를 점진적으로 강화할 때 토지배당액과 보유세 실효세율 변화의 예를 제시해보겠습니다. 처음에는 과표적용률을 낮게 적용하다가 점차 현실화해나가면 같은 세율을[1] 적용해도 〈표 11〉과 같이 토지배당액의 규모를 늘려갈 수 있습니다.

과표적용률의 속도는 조절하기 나름입니다만 〈표 11〉과 같이 적용률을 서서히 늘려나갈 경우[2] 세율은 그대로 유지한 채 토지배당액을 50만 원에서 83.1만 원으로 늘려갈 수 있습니다. 그런데 여기서 놀라운 점은 이렇게 해도 보유세 실효세율이 0.48%, 즉 0.5%도 안 된다는 것입니다. 7장 〈그림 10〉에서 보듯이 미국의 보유세 실효세율이 1%가 넘고, 영국·일본·프랑스 등도 0.5%가 넘는 것을 생각했을 때 우리가 제시하는 대안은 결코 무리한 개혁이 아닙니다.

더 나아가서 세율은 그대로 둔 채 모든 토지에 100%의 과표적

〈표 11〉 과표적용률에 따른 토지배당 로드맵

과표적용률	+0%p	+10%p	+20%p	+30%p	+40%p
토지보유세 (조 원)	30.1	36.2	39.8	43.5	47.2
토지보유세 실효세율	0.38%	0.45%	0.50%	0.54%	0.59%
부동산보유세 실효세율	0.35%	0.40%	0.42%	0.45%	0.48%
1인당 토지배당액 (연간, 만 원)	50.0	61.8	68.8	75.9	83.1

* 토지가격은 현 수준으로 유지되는 것으로 가정함.
* 재산세 저율세율 대상 및 감면 대상 토지는 4%p씩 인상, 세부 내용은 〈부록〉 1장 참조 요망.

용률을 적용하면, 다시 말해 토지의 공시가격을 그대로 과세표준으로 활용한다면 배당액은 1인당 105만 원이 될 수 있습니다. 물론 국민적 합의에 따라 세율도 강화해서 토지배당액의 규모와 보유세 실효세율을 높이는 것도 얼마든지 가능합니다.

15장에서 자세히 소개하겠지만, 오픈 AI의 창시자 샘 알트만 Sam Altman은 미국의 모든 토지에 2.5%의 세율을 적용하는 토지보유세를 부과해 미국 국민 전체에게 기본소득으로 분배하자고 제안합니다. 만약 2.5%를 우리나라에 적용하면 1인당 배당액은 얼마나 될까요? 무려 270만 원입니다. 실로 담대한 제안이라 할 만합니다.

우리 가족에게 도착한 '배당고지서'

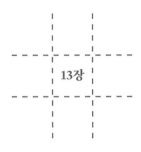

13장

토지배당제의
놀라운 효과

토지배당제는 우리 사회의 가장 큰 과제인 불평등을 줄일 수 있을까요? 일단 불평등 해소 가능성에 관해 다른 경제학자가 뭐라고 했는지 살펴보겠습니다. 발터 샤이델Walter Scheidel은《불평등의 역사》(에코리브르, 2017)에서 "불평등은 아주 극단적인 대압착 사건이 아니고선 해소되지 않으며, 그 방식이 폭력적일수록 더 많이 평준화된다"고 서술했습니다.[1] 인류 역사 시작부터 존재한 불평등은 극단적 방법으로 세상을 쥐어짜야 겨우 해소될 수 있는 불순물이란 것이죠.

흥미롭게도 샤이델은 한국을 불평등 해소와 평등 국가의 모범사례로 평가했습니다. 그는 불평등 해소를 가능케 한 사건으로 1950년의 토지개혁과 한국전쟁을 꼽았습니다. "토지개혁 이후 전체 토지의 절반이 조금 넘는 땅의 주인이 바뀌었다"며 "지주는 소득의 80%를 잃은 반면, 농촌 가구의 하위 80%는 20-30%의 소득을 얻었"고, 게다가 연이어 전쟁까지 터진 결과 한국의 대지주인 엘리트가 소멸했으며 이후 교육의 폭넓은 기회 제공으로 고도의 평등한 국가가 탄생했다고 보았습니다. 하지만 앞에서 설명한 것처럼, 그렇게 하락한 토지 소유 불평등이 산업화와 도시화가 진행되면서 계속 증가했고, 지금은 토지개혁 이전인 해방 전보다 지니계수가 높아져서 불평등도가 극도로 나쁜 상태가 되었습니다. 그리고 이 토지 소유 불평등이 경제 불평등의 주범이란 점은 우리 모두 체감하고 있지요.[2]

소득 불평등과 자산 불평등을 평평하게

놀랍게도 토지배당제는 소득 불평등과 자산 불평등 두 가지를 다 해소할 수 있습니다. 토지배당제는 매년 일정 금액의 소득 지급과 세금 징수가 병행되므로 개인의 소득 상태가 변하게 됩니다. 소득이 많은 사람은 토지도 많이 보유하고 있고 소득이 적은 사람은 토지를 소유하지 않았을 가능성이 높기 때문에, 결과적으로 토지배당제는 고소득자에게는 세금을 부과하고 저소득자에게는 배당을 지급하는 결과를 낳습니다. 토지배당제를 통해 소득이 좀 더 평평해진다고 말할 수 있죠.

이것은 1982년부터 시작한 알래스카의 원유 기반 기본소득을 살펴보면 충분히 예상할 수 있어요. 알래스카는 최소한 1년 이상 거주한 사람에게 똑같은 액수의 원유 기반 기본소득을 지급했는데, 2017-2021년 동안 평균 연 배당금이 우리 화폐로 120-190만 원이라고 합니다. 그런데 놀랍게도 알래스카는 이 제도의 도입으로 불평등이 크게 개선되었다고 해요. 기본소득 실시 전 알래스카는 미국에서 소득 불평등이 가장 심한 주였으나 배당금이 지급된 후에는 두 번째로 불평등도가 낮은 주가 되었습니다.[3] 물론 원유 기반 기본소득이 유일한 원인이라고는 할 수 없습니다. 그러나 일정 정도 영향을 미쳤다는 것은 부인할 수 없는 사실이죠.

여기서 우리가 주목할 것은 알래스카는 현재의 개인 소득을 건드리지 않고 기본소득을 지급했다는 점입니다. 상위계층 소득의 일정 부분을 환수해서 하위계층에게 분배한 것이 아니라는 것이죠. 그런데 토지배당제는 결과적으로 최상위계층에 속하는 토지 과다過多 보유 개인과 법인의 소득이 토지를 소유하지 않은 하위계층과 토지를 과소過少하게 보유한 중상위계층에게 이전되는 것입니다. 당연히 알래스카보다 불평등 개선 효과가 클 수밖에 없지요.

우리가 더 주목할 대목은 자산 불평등 개선입니다. 혹자는 국가정책이 무슨 수로 개인의 자산 격차를 개선할 수 있느냐고 반문할 수 있습니다. 왜냐하면 가진 자의 재산을 빼앗아 없는 자에게 주지 않고서는 자산 불평등의 개선은 요원하기 때문입니다. 그래서 이런 이야기를 하면 늘 '토지배당제는 공산주의냐'란 소리를 듣습니다.

그런데 조금만 생각해보면 우리 주변에는 국가 정책이 개인의 자산에 영향을 미치는 경우가 제법 있다는 걸 알게 됩니다. 정부가 서울 강남 지역과 우리 동네를 연결하는 지하철 건설계획을 발표한다고 칩시다. 그날부로 우리 집 가격은 천정부지로 뛸 것입니다. 바로 정부 정책으로 인한 미래의 긍정적 효과가 현재 시점에 나의 부동산 가격에 반영됩니다. 노인들에게 매달 약 32만 원을 지급하는 기초연금도 무형의 연금권으로 볼 수 있습니다. 이자율이 3.8%일 때 1억 원을 저축하면 연 380만 원의 이자 수입이 생기듯이, 국가가 고액의 권리를 노인에게 지급하는 것이라고 볼 수 있죠.

'대한민국 국민'이라는 이유 하나로

비밀은 토지'배당'이라는 이름에 숨어 있습니다. 우리가 기업

토지배당제의 놀라운 효과

의 주식을 보유하면 기업이 1년 동안 벌인 사업의 결과물인 이익을 배당으로 돌려받습니다. 토지배당제도 마찬가지예요. 우리는 국토에 대한 공동의 보유권을 가지고 대한민국에 태어났습니다. 그래서 국가의 경제활동을 통해 발생한 토지이익을 국민 전체가 배당으로 똑같이 돌려받게 되는 것입니다. 대신 토지를 보유한 개인과 법인은 토지 활동을 통해 발생한 이익의 일부를 세금으로 납부하는 것이고요. '대한민국 국민'이라는 것이 바로 토지배당제에 대한 증서가 되는 셈입니다.

그렇다면 이 증서는 얼마로 평가할 수 있을까요? 삼성전자는 분기별로 361원의 현금배당을 정기적으로 하고 비정기적으로 특별배당을 지급합니다. 배당을 많이 한 기업은 주가가 높고, 배당을 적게 한 기업은 주가가 낮은 경향이 있습니다. 여기에 투자가치를 더하면 기업가치를 계산할 수 있죠. 토지배당액은 투자가치가 없으니 연간 배당금액으로 증서의 가치를 역산해볼 수 있습니다.[4]

땅이 한 뼘도 없이 전세로 사는 4인 가족을 예로 들어볼게요. 우리가 설계한 것처럼 1인당 매년 50만 원의 토지배당을, 가족 전체로 총 200만 원 받는다고 가정해보겠습니다. 기대수익률을 시장금리인 4%로 가정하되 토지배당이 평생 시행될 것이라고 가정하면, 토지배당의 권리는 5천만 원(200만 원/4%)의 현금으로 환산할 수 있습니다. 반대로 세금을 내는 가족은 자산이 마이너스 방

향으로 감소하는 효과가 발생합니다.[5]

문제는 제도의 지속성입니다. 만약 많은 국민이 '토지배당제는 5년만 시행되다가 없어질 거야'라고 믿는다면, 자산효과는 5년 어치만 발생하게 됩니다. 누군가 집을 산다면 5년 치 세금을 뺀 가격으로 주택을 구매하는 식인 거죠. 만약 1년만 시행되다 없어질 거라면 딱 1년 치의 토지배당액만큼만 자산가치가 변화하는 것이지요. 그런데 제도가 계속 유지될 것이라는 신뢰가 강하면, 자산가격에도 영향을 크게 미치게 됩니다.

나도 땅을 가질 수 있을까?

이제 토지배당을 가격으로 환산해서 토지자산 시장을 흔들어 보겠습니다. 이를 위해서는 몇 가지 가정이 선행되어야 합니다. 먼저 토지배당제가 지속적으로 시행된다고 가정합니다. 토지배당액은 1인당 50만 원, 기대수익률은 시장금리인 4%(요즘 예금금리가 4%죠)로 가정합니다.

먼저 토지가 전혀 없는 900만 가구의 상황 변화를 살펴보겠습니다. 평균 가구원을 두 명으로 계산하면 가구별로 100만 원 정도 배당을 받게 됩니다. 이를 평가하면 2,400만 원의 무형자산이 생기는 것입니다. 땅이 하나도 없는 가정에 2,400만 원짜리 토지배

토지배당제의 놀라운 효과

당권이 생기는 순간이죠. 만약 토지배당제가 5년 정도만 시행되고 폐지된다면 약 230만 원(미래 소득을 현재 가치화했기 때문에 250만 원보다 적음) 정도의 권리로 축소됩니다.

이제 소액의 토지를 소유한 1,300만 가구 차례입니다. 이들 가구는 평균 1억 6천만 원의 토지를 가지고 있는데, 토지배당액에서 세금을 떼더라도 100만 원 이상의 토지배당을 받게 됩니다. 역시 자산가치가 앞서 설명한 토지를 소유하지 않은 사람만큼 올라갑니다.

마지막으로 토지를 많이 보유한 110만 가구입니다. 이들은 평균 약 21억 원의 토지를 가지고 있으며, 토지배당제 시행에 따라 약 1천만 원의 세금을 부담하게 됩니다. 매년 이만큼의 세금을 부담하게 되기 때문에 마이너스 자산효과가 발생하죠. 이를 계산하면 약 2억 5천만 원이 됩니다. 기존 자산의 12%가 감소해 세금 납부 후 토지가격은 18억 4천만 원 정도가 됩니다. 즉 보유한 토지가격이 하락하게 됩니다.

이를 토대로 토지자산 지니계수를 계산하면, 2020년 0.812였던 토지 불평등도가 0.681로, 약 16.7% 개선됩니다. '겨우 16.7%'라고 생각할 사람이 있을지 모르지만, 이것은 엄청난 변화입니다. 최소한 일제에서 해방된 1945년보다 불평등도가 낮아지는 성과를 시현하게 됩니다.

이는 1945년 0.72-0.73이었던 토지자산 지니계수를 한국전쟁

이후 1960년 토지개혁을 실행해 0.30대까지 낮춘 이래로 불평등도가 최대로 개선되는 개혁입니다. 단, 토지배당제가 5년만 운용된다면, 5년에 해당하는 금액만큼만 자산을 변화시켜 불평등 해소 효과가 제한되겠죠.

우리는 앞에서 부동산, 정확히 말하면 토지가 불평등의 주범이라는 점을 통계를 통해 확인했습니다. 소득 불평등과 자산 불평등의 가장 큰 원인이 땅이었습니다. 이런 상황에서 실현하는 토지배당제는 소득 불평등을 크게 개선할 뿐 아니라 자산 소유 불평등도 줄입니다.

그런데 만약 토지배당제의 액수를 더 높이면 어떻게 될까요? 당연히 불평등 개선 효과는 더 뚜렷해질 것입니다. 불평등의 원인을 정당한 원인과 부당한 원인으로 나눈다면 토지 소유는 부당한 원인의 대표 격입니다. 이 요인이 줄어들면 사회 전체의 역동성과 안정성은 크게 올라가겠죠. 정기적으로 소득이 생긴다는 것은 미래를 계획할 수 있다는 것이기도 합니다. 학원도 다닐 수 있고 취미생활을 할 수 있는 여유도 생깁니다. 개인의 재능을 능력으로 바꿀 수 있는 가능성이 커지고 새로운 것에 도전할 기회도 더 늘어날 것입니다.

역사에서 불평등 해소는 전쟁과 같은 큰 사건이 아니면 거의 불가능했습니다. 그러나 토지배당제를 통해서 알 수 있듯이 전쟁과 같은 방식이 아니라도 불평등 해소는 가능합니다. 토지 과다

토지배당제의 놀라운 효과

소유자들의 토지를 빼앗아 토지를 소유하지 못한 자들에게 분배하는 방식이 전혀 아닌데도 말입니다. 그렇습니다. 토지 보유 자체는 그렇게 중요하지 않습니다. 토지 보유의 핵심은 토지에서 발생하는 가치를 향유하는 것입니다. 그 가치에 대한 권리의 평등도를 높이면 높일수록 토지 소유 불평등도가 내려갑니다. 부동산 투기도 차단하면서 말입니다.

여기에 한 가지 더 보태면, 토지 소유 불평등 완화는 시장을 더욱 시장답게 합니다. 우리가 알고 있듯이 시장이 시장다워지려면 '완전경쟁'에 가까워야 합니다. 완전경쟁이란 시장경쟁 참여자들 모두 똑같은 노동능력과 자본을 가진 상태를 말합니다. 토지배당제를 실시하면 모두 똑같은 출발선은 아니더라도 기존에 토지에서 기인한 출발의 불평등은 줄어듭니다. 토지를 가진 사람, 즉 집이나 건물이 있는 사람과 집도 없고 건물도 없는 사람의 출발은 매우 불평등한데, 토지배당제가 바로 이 불평등을 줄여줍니다. 만약 배당액을 더 올리면 경쟁시장의 가능성은 더 올라가는 것이고요. 한마디로 말해서 토지배당제는 시장에 활력을 불어넣어줍니다.

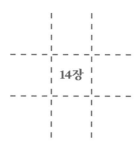

토지배당제와 동행할
부동산 정책[1]

　토지배당제는 기본소득의 재원을 마련하기 위한 정책인 동시에 부동산 문제를 해결하기 위한 방안입니다. 앞에서도 말했지만 토지배당제는 부동산에서 발생하는 기대수익률에 가장 큰 영향을 미치는 보유세 강화 방안이기 때문이죠. 토지배당제를 제대로 실시하면 기대되는 불로소득, 즉 초과이익의 규모가 줄어들기 때문에 불로소득을 노리는 투기는 여간해서 일어나지 않게 됩니다.

　그러나 토지배당제가 부동산 투기를 완벽하게 차단하는 것은 아닙니다. 그리고 설령 투기가 완전히 차단된다고 해도 우리가 바라는 모든 국민의 주거권 실현, 다시 말해 모든 국민이 '집 걱정'에서 해방되는 것도 아닙니다. 부동산 문제가 해결되고 모든 국민의 주거권이 실현되려면 여러 가지 정책이 더해져야 합니다. 이제 토지배당제와 동행할 부동산 핵심 정책을 제시하려 합니다.

정책 1: 고위공직자부동산백지신탁제 도입

부동산 관련 제도는 선출직 공직자와 비선출직 고위공직자가 만듭니다. 다시 말해서 국회의원, 대통령, 도지사, 시장 및 군수, 광역의회 의원과 기초의회 의원, 교육감 등의 선출직 공무원과 장관과 1급 이상의 공무원들이 부동산 투기와 가격에 영향을 준다는 것이죠. 택지개발 지구, 산업단지 지구, 도로 설치, 고속도로 톨게이트와 전철역 위치를 결정하는 일, 아파트 용적률에 영향을 주는 도시계획 변경도 이들이 합니다. 심지어 이 책의 주제인 '토지배당제 실시'도 이들 손에 달렸습니다.

문제는 이런 고위공직자들이 부동산을 많이 보유하고 있다는 것이죠. 집을 여러 채 가지고 있어서 임대인이기도 하고, 건물도 가지고 있어서 건물주이기도 하며, 농사짓지 않는 땅도 많이 가지고 있는 전통적 지주인 경우도 허다합니다.

경제정의실천시민연합(이하 경실련)이 2023년 3월에 발표한 자료에 따르면, 대통령비서실 37명의 1인당 재산은 평균 48.3억 원,

171

이중 부동산 재산이 평균 31.4억으로 국민 가구 평균의 10.5배, 7.5배, 장·차관의 재산 평균은 32.6억, 부동산 재산 평균 21.3억 원으로 일반 국민의 각각 7.1배, 5.1배에 이르는 것으로 나타났습니다.[2]

한편 2021년 고위공직자 398명이 신고한 재산 등록을 바탕으로 분석한 결과 이들이 주택을 가장 많이 보유한 지역은 강남 3구와 마포, 용산, 성동으로 나타났는데, 특히 강남권 3개 구에 123채를 보유해 서울 전체(228채)의 절반 이상을 차지한 것으로 확인됐습니다. 반면 서울에서 상대적으로 가격이 낮은 금천·강북·동대문구에 주택을 소유한 고위공직자는 한 명도 없었습니다.[3] 또 고위공직자 중 상당수가 다주택자이기도 합니다. 2020년 8월 경실련은 국토부와 기재부, 공정거래위원회, 한국은행, 금융위원회, 금융감독원 산하 기관 등 부동산과 금융 세제 정책을 다루는 주요 부처 1급 이상 고위공직자 107명의 부동산 보유 현황을 발표했는데, 이 중 39명(36.4%)이 다주택 보유자였습니다. 이는 21대 국회의원의 다주택자 비율(29.3%)보다 높은 수치입니다. 고위공직자들이 가진 주택이 위치한 지역을 보면 서울이 68채(46.3%), 강남 4구(서초·강남·송파·강동)가 42채(28.6%)로 서울 및 강남 지역에 몰려 있음을 알 수 있습니다.[4]

가액 기준으로 일반인보다 몇 배나 많은 부동산을 보유한 자들은 부동산 관련 법과 제도를 어떻게 바꾸려고 할까요? 공평하고 정의로운 법과 제도를 만들려고 할까요? 자신이 보유한 부동

토지배당제와 동행할 부동산 정책

〈**그림 13**〉 윤석열 정부 고위공직자 재산 신고 현황(1인당 평균)

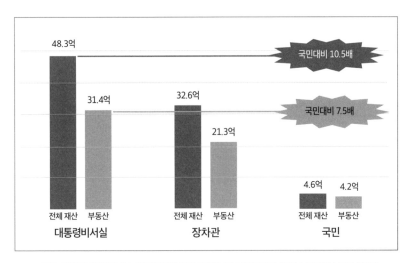

* 자료: 경실련, 2023.3.14, "윤석열 정부 대통령비서실 고위공직자 37명 보유 재산 분석 발표."

산 가격이 올라가는 방향으로 만들려고 할까요? 물어보나 마나입
니다.

　대표적인 예로 현재 윤석열 대통령의 부인 김건희 씨 일가는
경기도 양평군 강상면에 밝혀진 것만 16,470평의 땅을 보유하고
있는데, 최근(2023년 7월) 국토교통부는 서울양평고속도로 종점
을 원안인 양서면에서 '김건희 일가'의 땅이 널려 있는 강상면으
로 변경한다고 발표했습니다. 개발정보를 미리 입수한 고위 관료
나 정치인 혹은 그의 친인척이 개발 예정 지역 부근에 땅을 미리
사놓는 경우는 많았어도 이미 확정된 고속도로 종점을 사업의 목
적을 훼손하면서까지, 심지어 노선을 55% 변경하면서까지 자기

땅 근처로 변경하는 경우는 대한민국 역사상 처음 있는 일입니다. 경제성 분석 자료도 제시하지 않았고 원안보다 고속도로 길이가 길어져서 더 많은 비용이 들어가는데 말입니다. 확실한 것은 현재 강상면 일대에 '김건희 일가'가 가지고 있는 땅의 가격은 125억 원인데, 만약 고속도로 종점이 강상면으로 변경된다면 땅값은 무려 600-1,200억 원으로 뛴다는 것입니다.[5]

이런 예는 또 있습니다. 현재 여당인 국민의힘 대표 김기현 의원의 경우를 살펴보겠습니다. 김기현 의원은 1998년에 당시 맹지였던 토지 약 35,000평을 평당 1,097원, 총 3,800만 원에 매입합니다. 그런데 울산 KTX의 노선이 그가 소유한 땅 주변으로 결정되면서 현재 땅값이 평당 190만 원으로 약 640억 원입니다. 약 1,800배의 차익을 남길 수 있게 된 것이죠. 여기서 문제는 울산 KTX의 역세권 연결도로가 김기현 대표 소유의 땅으로 휘어졌다는 것입니다. 더구나 2007년 8월 최초 용역보고서에 제시된 세 가지 안은 김기현 의원의 땅과 거리가 멀었다고 합니다. 김 의원이 소유한 땅을 통과하도록 노선이 변경된 것으로 의심할 수밖에 없는 상황이죠.[6]

한편 전남 광양시의 정현복 전 시장은 2018년 지방선거 선거 당시 후보였을 때 도로 건설을 공약했고 당선 후 그의 아내가 도로 건설을 본격적으로 추진하기 직전 인근 땅을 대거 사들였습니다. 매입한 땅의 가격은 2억 902만 원에 달했습니다. 보도에 따르

토지배당제와 동행할 부동산 정책

면 그 땅으로 도로가 날 것이 유력하다고 합니다. 더구나 매입한 토지에 매실나무까지 심었는데, 그것은 보상금을 최대한 받아내기 위해 흔히 사용하는 방법입니다. 도로가 수용되면 나무는 '이식 비용'을 추가로 지급하기 때문에 일반 땅보다 보상금액이 많게 됩니다.[7] 물론 광양시 관계자는 시장의 부인이 도로 예정지 인근 땅을 소유하고 있다는 사실은 몰랐다고 해명했습니다.

이처럼 고위공무원과 선출직 공무원은 도로 건설과 토지용도 변경에 영향을 미쳐서 자신이 소유한 땅값을 올립니다. 그리고 고위공직자는 개발정보를 자기가 직접 이용하지 않아도 지인이나 친척 등에게 얼마든지 공유할 수 있지요. 이런 까닭에 우리는 부동산 정책에 대한 신뢰도를 획기적으로 높이고, 적어도 고위공직자가 되려면 부동산 투기를 통해 돈을 버는 것은 안 된다는 인식을 정착시키기 위해 고위공직자부동산백지신탁제가 꼭 필요하다고 보는 것입니다.

'백지신탁'의 본래의 뜻은 공직자가 재임 기간에 주식 따위의 재산을 대리인(정부)에게 맡겨 관리하게 하는 제도입니다. 그러면 고위공직자부동산백지신탁제에는 어떤 내용이 포함되어야 할까요?

고위공직자부동산백지신탁제의 대상과 운용 방식

대상부터 생각해보겠습니다. 대상에는 현행 공직자윤리법상

재산 공개 대상자인 국무위원, 국회의원, 지자체장, 지방의원, 1급 공무원, 교육감 및 국토교통부 소속 공무원 중 대통령령으로 정하는 사람과 대상자의 배우자 및 자녀가 포함되어야 합니다.

두 번째로 대상자의 의무 사항에는 다음이 포함되어야 합니다. 보유 부동산에 대하여 공직 취임 전에 소유 부동산이 실수요임을 입증하고, 실수요임을 입증하지 못한 부동산은 기간 안에 스스로 매각하거나, 수탁기관에 백지로 신탁하는 것이 반드시 들어가야 합니다. 여기서 실수요 부동산은 대상자가 거주 목적이나 영업 목적으로 직접 사용하는 부동산과 선산 등으로 엄격히 제한하고 임대용 부동산은 제외해야 합니다. 임대업과 고위공직 혹은 선출직 공무원 중 하나를 선택해야 한다는 것입니다.

수탁기관은 '대상 부동산'의 관리·운용·처분 및 매각금액의 운용 등을 담당합니다. 수탁 후 정해진 기간 이내에 최고가 매각의 원칙에 따라 '대상 부동산'을 매각하되, 매각하지 못했을 경우 위원회의 승인을 얻어 매각 기한을 연장할 수 있도록 합니다. '대상 부동산'이 모두 매각될 때까지 수탁기관은 신탁재산을 운용하고, 매각이 모두 완료되면 그 사실을 신탁자에게 통보합니다.

그러면 매각금액과 매각 때까지의 운용수익(임대료 등) 전부를 신탁자인 고위공직자에게 돌려줘야 할까요? 아닙니다. 그렇게 하면 이 제도의 취지가 크게 반감되죠. 신탁 당시의 감정가와 신탁 동안의 이자만 돌려주고 나머지는 국고로 환수해야 합니다. 쉽

토지배당제와 동행할 부동산 정책

게 말해 신탁 당시 부동산이 감정가로 10억 원이었는데 수탁기관이 1년 후 13억 원에 매각했다면, 13억 원을 다 돌려주는 것이 아니라 10억 원과 10억 원에 대한 1년 동안의 이자만 주도록 한다는 것이죠. 물론 매각되지 않거나 매각 추진 과정 중 신탁자가 공직을 떠나는 경우엔 신탁 당시의 감정가와 공직 사임까지의 법정이자만 돌려받고 대상 부동산을 반환받지 못하도록 해야 합니다.

마지막으로 대상자는 고위공직자 재임 기간 및 퇴임 후 최소 3년 동안은 실수요 목적이 아닌 부동산의 신규 취득을 금지해야 합니다. 즉 현직에 있을 때 취득한 정보로 부동산 투기를 최대한 못하도록 해야 합니다.

대한민국에서 부동산은 공직자 부패의 온상이자 치부의 수단입니다. 부동산에 이해관계를 가진 고위공직자들로 인해 정책이 왜곡되고 각종 부패가 발생한 것을 우리는 수도 없이 겪었습니다. 인사청문회 때마다 투기 의혹에 대한 공방으로 국민의 실망감은 이루 말할 수 없을 정도로 컸고 이것은 지금도 계속되고 있죠. 그러나 위 제도가 도입되면 다음과 같은 일이 일어날 것입니다.

첫째, 청렴한 고위공직자들이 공정한 정책을 수립·집행하는 전통이 확립되고, 부동산 정책에 대한 국민의 신뢰도가 높아질 것입니다. 둘째, 고위공직자 후보 인재 풀이 넓어져서 국정 운영이 원활해질 것입니다. 유능한 고위공직자 중에는 별생각 없이 부동산 투기를 해온 사람도 있을 것입니다. 고위공직자부동산백지신탁제는 이와 같은 유능한 인재 풀을 보호하는 기능을 해낼 것입니다.

셋째, 이 제도는 보다 정의로운 사람들, 부동산 문제를 해결할 의지가 있는 인재들이 선출직 공무원과 고위공직에 오를 가능성을 높여줍니다. 아무래도 부동산 투기로 부를 축적해온 사람들에겐 투기용 부동산을 백지로 신탁하는 것은 부담스러운 일이기 때문이죠. 공직은 잠깐이지만 재산은 영원할 것이라고 생각하는 공직자도 상당할 테고요. 특히 이 제도는 지역에서 부동산 부자들의 선출직 출마 가능성을 크게 낮추고, 지역 공동체를 오랫동안 고민해온 공심公心 가득한 사람들의 지방자치단체장과 지방의회 진출 가능성을 높일 것입니다.

정책 2: 공공이 매입·조성한 땅은 팔지 않고 임대한다

우리는 앞에서 부동산 문제는 건물이 아니라 토지에서 발생한다는 점을 여러 번 강조했습니다. 토지는 미래를 보고 가격이 결정되고 건물은 과거에 투입한 비용에 의해 가격이 결정됩니다. 더구나 건물은 낡아지는 까닭에 시간이 지나면 가격이 하락합니다. 반면 미래를 내다보고 가격이 결정되는 토지는 투기의 대상이 됩니다. 지금은 농지지만 조만간 집을 지을 수 있는 대지로 바뀐다는 정보를 입수한 '소수'는 웃돈을 주고 그 농지를 매입하려고 합

토지배당제와 동행할 부동산 정책

니다. 가격이 크게 오를 것이기 때문이죠. 한마디로 말해서 불로소득을 노리는 행위인 '투기'speculation는 미래를 내다보고 하는 것입니다.

그렇습니다. 주택과 공장건물에 대한 투기는 주택이 깔고 있는 땅과 공장건물이 입지한 토지를 대상으로 일어나는 것입니다. 그렇다면 새로 짓는 주택과 새로 공급하는 공장용지에서 투기가 일어나지 않도록 하려면, 다시 말해서 주택을 평범한 직장인이 부담할 수 있는 수준의 가격으로 공급하면서 투기도 차단하고, 공장용지는 목돈을 들이지 않고 안정적 사용이 가능하도록 하는 방법은 없을까요?

공공이 신규 주택과 산업단지를 공급할 목적으로 민간에서 매입 조성한 땅을 팔지 않고 임대하면 됩니다. 공공이 민간의 토지를 매입하는 것을 전문 용어로 '수용'이라고 하는데, 사실 말이 좋아서 '수용'이지 수용의 본질은 민간의 재산권을 제한하는 것입니다. 개발예정지구에 속한 토지는 재산권의 3종 세트인 사용권과 수익권과 처분권에 심각한 제한이 가해집니다. 건물을 짓는 생산활동을 할 수 없고, 처분도 마음대로 못하고, 공공에 팔아도 원하는 만큼의 값을 받지 못합니다.

이와 같은 재산권 제한의 근거는 헌법 제23조 3항에[8] 나오는 '공공 필요'입니다. 수용에 있어서 '공공 필요'란 무엇일까요? 국민 주거 안정이나 산업 발전이 바로 공공 필요입니다. 그런데 공공이 민간에서 사들여서 조성한 땅을 다시 민간에게 팔면 '공공 필요'의 취지는 즉시 사라집니다. 토지를 분양받은 건설사가 그 위에 집을 지어 팔든 상가를 지어 팔든 일단 부동산은 투기의 대상이 됩니다. 그리고 그 이익은 국민 일반이 아니라 건설사와 최초 분양자 및 그 이후의 소유자가 누리게 됩니다. 국민 주거 안정에 이바지하기가 어렵습니다. 또 산업단지 조성을 위해 민간에서 사들인 땅을 입주 기업에게 다시 팔면 투기가 일어나게 됩니다. 이런 까닭에 수용당하는 사람은 항상 억울하게 생각하는 것입니다. 왜 내 땅을 헐값에 팔게 해서 엉뚱한 사람 또는 회사가 돈을 벌게 하냐는 거죠.

한편 지금처럼 수용한 토지를 팔게 되면 공공이 마땅히 가져야 할 공심公心을 잃어버리게 된다는 점도 생각해야 합니다. 민간의 토지를 수용하는 공공의 대표가 한국토지주택공사, 즉 'LH'입니다. LH 입장에서는 수용한 땅을 조성해 민간에게 팔 때 어떻게 하는 것이 유리할까요? 비싸게 파는 게 좋을까요? 아니면 싸게 파는 게 좋을까요? LH도 회사이기 때문에 이익 극대화 전략을 씁니다. 그런데 문제는 부동산 투기가 일어나서 땅값이 상승하는 것이 LH의 이익 극대화에 도움이 된다는 것입니다. 그래야 땅을 비싸게 분양해서 많은 수익을 남길 수 있기 때문이죠.

그런데 LH가 수용한 토지를 보유하면서 임대하면 어떻게 될까요? LH의 운영이 말 그대로 공기업다워집니다. 자연스럽게 공

토지배당제와 동행할 부동산 정책

심公心으로 채워집니다. LH는 회사의 이익을 위해서라도 토지 사용자에게 토지 임대료를 제대로 환수하고 토지를 잘 관리하게 됩니다. 그리고 그것은 부동산 투기를 차단하는 데 큰 도움이 됩니다. 부동산 시장 안정이라는 LH 본래의 목표에 자연스럽게 다가갈 수 있습니다.

임대에서 가장 중요한 것은 토지 임대료를 제대로 환수하는 것입니다. 토지 임대료를 시장 임대료만큼 환수하면 투기는 일어날 수 없습니다.[9] 하지만 토지 임대료가 시장 임대료에 미치지 못하면 토지 사용자가 토지가치의 일부 혹은 상당 부분을 누릴 수 있기 때문에 투기가 일어나죠. 토지 사용자가 누리는 부분, 즉 환수하지 못한 임대료가 미래에도 계속 발생한다는 것을 전제로 일종의 땅값 혹은 프리미엄이 형성되고, 그것이 더 커질 것이라고 예상되면 땅값은 개인이 소유한 땅처럼 폭등합니다.

이것을 잘 보여주는 사례가 바로 중국입니다. 중국은 토지를 국가가 소유하고 민간이 사용하는 모든 토지를 임대합니다. 하지만 환수하는 토지 임대료가 시장 임대료에 크게 못 미치기 때문에 투기가 일어나고 게다가 사회는 빠르게 발전하는 까닭에 부동산 가격이 폭등합니다. 토지 임대료를 제대로 환수해야 하는 또 다른 이유는 그렇게 해야 토지 사용자가 토지를 최선으로 사용하기 때문입니다. 사용자에게 임대료는 비용이므로 비용을 초과하는 이익을 남기기 위해 최선으로 사용하게 됩니다.

한편 LH가 토지 공급을 매각이 아니라 임대로 전환하면 개발 사업을 장기적 관점에서 접근하게 되는데, 이것도 큰 장점입니다. 아무래도 매각하게 되면 장기적 관점을 갖기 어렵습니다. 민간의 땅을 수용하고 조성해서 결국 민간에게 팔아버리면 끝나기 때문이죠. 소유권이 민간으로 넘어갔기 때문에 LH는 관리의 책임을 지지 않아도 됩니다. 그러나 임대로 전환하면 소유권을 가진 LH에게 관리의 책임이 항상 뒤따르기 때문에 장기적 관점에서 개발을 고민하게 됩니다. 그리고 소유권을 LH가 가지고 있으면 도시 성장에 따른 도시계획 변경도 훨씬 수월해집니다. 토지를 민간에 매각하면 토지 소유자가 셀 수 없이 많아지고 그 소유자도 실제 사용자가 아닌 경우가 많아서 도시가 성장함에 따라 자연스럽게 요구되는 도로 확장이나 공공시설 확충이 매우 힘듭니다. 또 많은 돈을 들여 정부가 지하철이나 공원 등을 설치하면 인근 땅값이 수직으로 상승하기 때문에 투기 문제도 항상 일어날 수밖에 없습니다. 그러나 토지를 LH가 소유하고 있으면 도로 확장이나 공공시설 확충이 쉬워지고 공원이나 지하철 등의 기반시설 확충으로 상승한 땅 가치를 토지 임대료에 반영할 수 있으므로 공공시설 설치에 투입한 비용을 장기적으로 회수할 수 있습니다.

토지임대부 분양주택 공급

이제 임대한 토지의 사용 방법을 생각해봅시다. 임대한 토지에 어떤 방식으로 주택을 공급하는 것이 좋을까요? 건물만 분양하는 주택, 즉 토지임대부 분양주택을 공급하는 것입니다. 건물은 어디에 지으나 가격은 같습니다. 그러나 땅은 다르죠. 땅 가격은 천차만별입니다. 강남의 집값이 비싼 이유는 건물가격 때문이 아니라 비싼 땅값 때문입니다. 건물은 강원도 고성에 지어놓으나 서울 강남에 지어놓으나 기술과 건축자재가 같으면 가격도 똑같습니다. 시간이 지나면 가치가 떨어지는 것도 같습니다. 가격의 차이를 만들어내는 원인은 땅입니다.

현재 주택시장에서 나타나는 문제는 두 가지입니다. 첫째는 신규 주택 가격이 너무 비싸다는 것이고, 두 번째는 그 집이 투기의 대상이 되어 가격이 계속 올라간다는 것입니다. 그런데 토지는 임대하고 건물만 분양하면 신규 주택을 싸게 공급할 수 있습니다. 집값에서 땅값이 빠지기 때문이죠. 다시 말해서 집값이 건물가격으로 결정되기 때문입니다. 신축 건물이 평당 1,000만 원이라고 하더라고 32평을 3억 2천만 원에 공급할 수 있습니다. 대출을 받을 필요가 크게 줄어듭니다. 대출을 일으키더라도 갚아 나가는 게 부담스럽지 않습니다.

토지는 임대하고 건물만 분양한다고, 즉 싸게 분양한다고 모든 것이 끝나는 것은 아닙니다. 중요한 것은 그런 주택이 계속 시장에 남아 있게 하는 것입니다. 그러나 집값은 계속 올랐고 지금까지 대한민국 국민 전체가 그걸 경험했습니다. 분양가를 세게 눌러 싸게 분양해도 집값은 곧 주변 시세와 같아졌습니다. 그래서 '로또 분양'이라는 말이 나온 것입니다.

그렇다면 새로 공급하는 토지임대부 분양주택을 부담 가능한 가격으로 시장에 계속 남아 있도록 하려면 어떻게 해야 할까요? 토지임대료를 제대로 거둬야 합니다. 토지임대료를 제대로 거두지 않으면 가격이 올라가고 '부담 가능성'이라는 장점이 사라집니다. 이런 예가 바로 2011년 강남·서초에 공급한 토지임대부 분분양주택입니다. 주변 시세의 1/4 수준인 2억 2천만 원에 분양된 이 아파트의 월 토지임대료는 고작 35만 원(34평 기준)이었습니다. 이렇게 되니 5년 전매제한기간이 끝난 2018년 시세가 8억 3천만 원(전용 84㎡)이었고, 2023년에는 12억 원으로 올라 10억 원 가까이 시세차익을 누리게 되었습니다. 환수하지 않은 토지 임대료가 건물가격에 붙어버린 것이죠. 주택가격은 주변 일반 주택의 70% 정도입니다. 이렇게 강남·서초에 공급한 토지임대부 분양주택의 가격이 올라간 이유는 LH가 환수하지 않은 토지임대료를 건물 보유자가 누리기 때문입니다. 그러나 토지 임대료를 시장 임대료의 70-90%로 거두고 정기적으로 임대료를 재조정하면 주택가격은 분양가에서 일정하게 유지될 수 있습니다.[10]

토지임대부 분양주택의 성공 조건은 두 가지입니다. 첫 번째로 앞으로 민간의 토지를 수용해서 조성한 공공택지 위에서 공급하는 분양주택은 위에서 제시한 토지임대부 분양주택으로 공급하는 것입니다. 공공이 공급하는 분양주택이 모두 '토지임대부'라는 것을 소비자가 현실로 받아들이게 해야 이 주택의 수요가 계속되고 시장에 정착할 수 있습니다. 두 번째는 기존 주택에서도 매매차익인 불로소득이 여간해서 생기지 않도록 해야 합니다. 만약기존 주택에서 불로소득이 생기면 토지임대부 분양주택은 시장에서 외면받게 될 것입니다. 그런데 토지배당제를 실시하면 투기가 차단되어 기존 주택가격은 안정될 것이고, 이것은 토지임대부분양주택의 제도적 정착에 큰 도움이 될 것입니다.

상가와 산업단지도 '토지임대부'로

공공이 보유한 토지에 토지임대부 분양상가도 공급할 수 있습니다. 토지임대부 분양상가는 토지임대부 분양주택과 마찬가지로 상가의 건물만 분양하는 것입니다. 그러므로 상가 보유의 장벽을 획기적으로 낮출 수 있습니다. 상가 세입자와 소상공인들이 무리한 대출을 일으키지 않고도 자기 건물을 소유할 수 있게 된다는 것이죠. 상가 건물은 주택과 달리 평당가격이 500만 원 선입니다. 20평이면 1억 원에 상가를 분양받을 수 있게 됩니다. 이렇게 되면그동안 상가 가격이 너무 높아 세입자 신세를 벗어나지 못했던 상가 세입자들과 소상공인들이 자기 건물에서 안정적으로 영업할수 있게 됩니다. 그리고 이러한 토지임대부 분양상가가 꾸준히 공급되면 건물주에 대한 상가 세입자의 대항력도 커지겠죠. 왜냐하면 상가 세입자도 이제 어렵지 않게 자기 건물을 소유할 수 있기 때문입니다.

토지임대료는 어떻게 정하는 것이 합리적일까요? 상가는 주택과 달리 소득이 발생하는 곳이므로 시장 임대료에 가깝게 토지 임대료를 부과하고 정기적으로 임대료를 재조정해야 합니다. 모든 상가 임차인이 건물 소유자가 될 필요는 없습니다. 임차와 임대도 시장에서 일어나는 자연스러운 현상입니다. 그러나 지금의 상당수 상가 임차인이 임차인 신세를 벗어나지 못하는 이유는 상가가 너무 비싸기 때문입니다. 자기 땅에서 농사짓는 것이 소작농의 꿈이듯이 상가 세입자의 꿈도 자기 건물에서 경제활동을 하는 것인데, 이를 가능케 하는 것이 토지임대부 분양상가입니다.

이제 임대된 토지에 토지임대부 산업단지를 공급하는 내용을 살펴봅시다. 토지임대부 산업단지는 말 그대로 공공이 보유한 토지를 임대하는 산업단지를 의미합니다. 지금까지 공기업의 대표인 LH는 산업단지를 분양했고, 분양가는 조성원가였습니다. 전매제한 기간이 있지만 분양받기만 하면 기업은 땅값이 올라 엄청난 시세차익을 누릴 수 있었죠. 실상이 이러하므로 기업은 어떻게 해서든 분양받기 위해 애쓰는데, 그것은 앞에서도 여러 차례 강조했듯이 개별 기업에겐 큰 이익이 되지만 사회 전체로는 무익한, 정확히 말하면 해로운 노력입니다. 그리고 지금처럼 토지를 분양하면 토지 매입에 큰돈이 들어가므로 신규 기업이나 자금 조달 능력

토지배당제와 동행할 부동산 정책

이 열악한 중소기업에게는 매우 불리하죠. 그런데 임대된 토지는 땅값이 제로가 되므로 지가地價라는 진입장벽이 사라집니다. 신규 기업의 시장 진입과 중소기업의 사업 확장이 훨씬 쉬워집니다. 게다가 토지임대부 산업단지에 입주한 기업은 토지 불로소득을 누릴 수 없으므로 기술개발이나 경영혁신에 더 매진하게 되는데, 이것 또한 경제 전체에 활력을 불어넣어 줄 것입니다.

그러면 토지임대부 산업단지의 토지 임대료는 어떻게 정해야 할까요? 토지임대부 분양상가와 마찬가지로 소득이 발생하는 곳이므로 시장의 토지 임대료에 가깝게 정해야 하고, 정기적으로 재조정해야 합니다.

정책 3: 저소득층 중심의 충분한 공공임대주택 공급

우리나라 공공임대주택정책은 소득 1-4분위인 저소득층에[11] 집중하다가 2010년대부터 '행복주택'이 임대주택의 하나로 들어오면서 중소득층 이상, 심지어 소득 8분위까지도 공공임대주택 대상에 포함되었습니다. 가장 큰 이유는 집값이 크게 올라 중소득층도 자기 소득으로 주거 안정을 누릴 수 없기 때문입니다. 너무 비싼 집값이 주거복지 수요의 대상을 넓힌 것이죠.

그러나 토지배당제를 도입해 기존 주택에서 투기를 차단하고 토지임대부 분양주택을 계속 공급하면 중소득층 이상의 주거 안정은 충분히 가능해질 것입니다. 즉 주거복지 수요가 크게 줄어든다는 것이죠. 이와 동시에 전 국민의 주거권 실현을 위한 주거복지를 대폭 강화해야 합니다.

주거복지의 목표는 청년 및 신혼부부와 저소득층의 주거비 보조를 수반한 전 국민의 주거권 실현입니다. 이를 위해서는 2021년 현재 5.1%인 20년 이상 장기공공임대주택을[12] 전체 주택의 10% 이상으로 공급해야 합니다.[13] 대상은 청년, 신혼부부, 저소득층(소득 1-4분위)입니다. 또 소득분위별 주거급여를 늘려서 주거 취약 계층의 주거비 부담도 낮춰줘야 합니다.[14] 주거급여 대상과 주거비 지원을 확대하면 무주택 가구의 주거 선택성과 안정성을 높일 수 있고, 주택이 아닌 쪽방·고시원·비닐하우스에 거주하는 가구도 주택에 거주할 수 있게 됩니다. 이렇게 공공임대주택 공급을 꾸준히 늘리는 동시에 주거비를 낮추면 빚을 떠안고 집을 사거나 비싼 민간임대주택에 들어가는 것 외에도 선택지가 생기는 것인데, 이것은 전월세 가격 하향 안정화에도 큰 도움이 될 것입니다.

요컨대 전 국민의 주거권 실현은 공공임대주택을 획기적으로 공급하는 것으로 해결되지 않습니다. 무엇보다 그것은 비효율적입니다. 그렇다고 분양가가 싼 주택을 대량 공급한다고 해결될 일도 아닙니다. 토지배당제와 매매차익에 부과하는 양도소득세, 그리고 취득세의 적절한 조합을 통해 부동산 전반의 기대수익률을 낮춰서 주택을 포함한 부동산에서 투기가 일어나지 않도록 하고, LH로 대표되는 공기업이 토지를 매각하지 않고 임대로 전환해 2-3억 원이면 내 집 마련이 가능한 토지임대부 분양주택을 계속 공급해야 가능합니다. 다시 말해서 공공임대주택 수요를 획기적으로 줄이는 것과 함께 실행해야 합니다. 이와 동시에 공공임대주택을 충분히 공급하고 정부의 재정지출 규모를 늘려 공공임대주택에 거주하는 저소득층의 주거비를 더 낮춘다면 전 국민의 주거권 실현은 충분히 가능할 것입니다.

전세에서 월세로 자연스러운 전환

지금의 전세는 집값이 계속 오르기 때문에 유지되는 제도입니다. 물론 세입자는 임대료를 매달 내지 않아도 되니 전세를 선호하죠. 그러나 임대인은 세입자에게서 받은 전세금을 은행에 넣어 두거나 주식투자를 하려고 전세를 놓는 게 아닙니다. 임대인에게 전세금은 무이자 대출이에요. 은행에서 대출받아 집을 사듯 전세금을 끼고 집을 살 수 있으니까요. 그러므로 임대인은 매매가 대비 전세가 비율이 높을수록 집을 사는 데 자기 돈이 덜 들어갑니다. 만약 집값이 5억 원인데 전세가가 4억 원이면 1억 원만 있으면 집 하나를 더 살 수 있습니다. 그러면 임대인이 노리는 건 뭘까요? 그것은 매매차익이죠.

한편 문재인 정부에서 집값이 천정부지로 오른 이유 중 하나는 역설적이게도 집 없는 서민을 위한 막대한 전세대출 확대였습니다. 아주 낮은 금리에 전세금의 80%까지 대출해주었습니다. 주택도시보증공사HUG에서 판매하는 전세보증금반환보험에 가입하면 집주인이 전세금을 돌려주지 않아도 대신 전세금을 돌려주기 때문에(이것을 전문 용어로 '대위변제'라고 합니다) 세입자는 안심하고 대출받을 수 있었고 임대인도 전세를 올려받을 수 있었습니다. 은행도 대출상품을 팔 수 있어서 전세대출 확대를 반겼습니다.

문제는 이 늘어난 전세대출금이 다주택자들의 주택 매입자금으로 쓰였다는 것입니다. 전세대출 확대는 1주택자가 2주택, 3주택자가 될 수 있는 길을 내주었습니다. 그래서 우리가 경험했듯이 전세가와 매매가가 계속 올랐던 것이죠. 전세가가 매매가의 80-90%에 이르면 집값의 10-20%만 있어도 다주택자가 될 수 있고,[15] 또 매매가가 전세가와 같은 경우에는 자기 돈 한 푼 없이도 다주택자가 될 수 있었으며, 심지어 전세가와 매매가보다 더 높은 경우도 있었으니 이때 임대인은 오히려 다주택자가 되면서 여윳돈까지 생겼습니다. 이것이 바로 '빌라왕'으로 대변되는 '전세사기'의 배경이었습니다. 지금은 금리가 크게 올라 전세가가 떨어지면서 집주인이 전세금을 돌려주지 못하는 역전세난이 벌어지고 있죠.

전세제도가 다주택 투기의 원인이 된다고 해서 전세를 강제로 없앨 수는 없습니다. 앞서 말했듯이 임대인과 임차인 양자가 선호하는 제도이기 때문이죠. 그러니 우리의 방향은 어떻게 해서든지 전세제도를 발전적으로 지양하는 것이 되어야 합니다.

그런데 앞에서 설명한 다양한 제도가 들어오면 전세가 자연스럽게 줄어들거나 사라지게 됩니다. 집값이 안정되면, 즉 매매차익이 줄어들면 임대인은 어떻게 할까요? 전세를 유지할까요? 아니면 월세로 전환할까요? 자연스럽게 월세로 전환합니다. 앞서 말했듯이 전세는 기본적으로 매매차익 기대에 기초한 제도입니다. 거기에다 전세금을 집주인의 금융부채로 잡고 동시에 전세대출금도 세입자의 금융부채로 잡으면 어떻게 될까요? 임대인이 전세를 놓을 유인은 더 떨어지고 세입자가 전세를 선호할 이유도 줄어듭니다.[16]

월세가 늘어나면 세입자의 주거비 부담이 커지는 것 아니냐는 걱정을 할 수 있습니다. 그러나 앞에서 제시한 공공임대주택을 꾸준히 공급하면 임대료를 안정시킬 수 있습니다. 2021년 현재 민간이 제공하는 임대주택에 거주하는 가구 수가 760만이고(전체 가구의 약 35%) 공공임대주택에 거주하는 가구 수가 178만 가구(전체 가구의 약 8%)인데, 민간임대주택에 거주하는 세입자가 내 집을 마련하고 공공임대주택 공급이 꾸준히 늘어나면 민간임대와 공공임대가 균형을 맞추게 될 것입니다. 여기에 더해 임대료를 적절하게 통제하고 집주인에게 약간의 인센티브를 부여하면 임대료 부담은 더 낮아질 것입니다.

문재인 정부의 전세대출 확대가 불러온 이른바 '갭투기' 열풍에서 볼 수 있듯이, 주거 문제는 종합적이고 체계적으로 접근해야합니다.

전 국민의 주거권 실현

대한민국에서 주택은 거주의 수단인 동시에 돈 버는 대상입니다. 주택 혹은 부동산에서 엄청난 초과수익, 즉 불로소득이 발생하기 때문에 부동산이 욕망의 대상이 된 것이죠. 그러나 웬만한 소득 가지고는, 즉 엄청난 대출을 끼지 않고서는 집을 마련할 수 없었고, 어지간한 자본금으로는 사업을 시작하기도 어려웠습니다.

그러나 토지배당제가 실행되면 달라질 수 있습니다. 일단 부동산 전체의 기대수익률이 줄어듭니다. 투기가 잘 일어나지 않게 되는 것이죠. 거기에 더해 토지임대부 분양주택을 공급하면 자가보유율이 크게 올라갈 것입니다. 또 1억 원이면 20평 상가를 마련할 수 있는 토지임대부 분양상가를 공급하고, 목돈이 없어도 토지사용권을 획득할 수 있는 토지임대부 산업단지를 공급하면 부동산 투기는 더욱 발붙이기 어려워질 것입니다.

이렇게 되면 주거복지 수요도 크게 줄어드는데, 이런 상황에서 공공임대주택을 충분히 공급하고 주거비 지원을 늘리면 주거권 실현은 가능합니다. 그리고 기업은 기술개발과 경영혁신에 매진하게 되고 새롭게 도전하는 신규 기업이나 사업을 확장할 수 있는 중소기업이 역동적으로 움직이게 됩니다.

2022년 합계출산율 0.78인 대한민국을 생각하면 전 국민의 주거권 실현은 필수입니다. 앞에서 설명했듯이 토지배당제 실행이 이 과제 완성의 토대를 제공합니다. 어떻습니까? 토지배당제의 영향력, 정말 대단하지 않습니까? 토지배당제는 정의입니다. 오직 정의만이 국가 공동체를 회생시킵니다.

5부

푸른 하늘과 게으를 권리

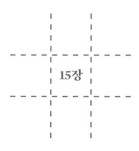

15장

유럽의 복지국가와 다른
새로운 길

모두에게, 똑같이, 조건 없이, 현금으로, 정기적으로 지급한다
는, 어찌 보면 황당한 구상인 기본소득이 우리에게 왠지 낯설지
않습니다. 2020년 코로나19 상황을 거치면서 재난지원금을 경험
했기 때문이에요. 재난지원금은 모두에게 똑같이 지역화폐로 지
급되었습니다. 물론 정기적으로 지급된 건 아니어서 기본소득의
요건을 완전히 충족시키지는 못했지만 그러나 기본소득을 경험
하기엔 충분했죠. 기본소득이 경제 활성화에 도움이 된다는 것도
경험했고 무엇보다 넉넉하게 사는 사람들에게도 똑같이 주는 방
식의 장점이 상당하다는 것도 알게 되었습니다. 이렇게 기본소득

은 한국 사회에서 '시민권'을 획득했습니다.

코로나19와 함께 다가온 기본소득

그러나 재난지원금이 단지 코로나19 때문만에 지급된 것은 아닙니다. 재난지원금이 기본소득 방식으로 실시된 것은, 인공지능 AI과 챗 GPT로 상징되는 4차 산업혁명으로 인해 일자리 총량이 줄어들고 불안정 노동자 수가 증가해서 노동 여부와 무관하게 지급하는 것을 특징으로 하는 기본소득이 필요하다는 공감대가 커졌기 때문입니다. 그런 까닭에 복지국가의 상징인 핀란드는 기본소득을 지급하고서 실직자들이 시간을 어떻게 쓰는지 알아보는 실험까지 한 것이죠.

우리가 알다시피 사회 구성원 모두의 인간다운 삶을 보장하는 것을 목표로 하는 복지국가는 안정된 일자리를 기초로 만들어진 모델입니다. 안정된 일자리에 취직한 노동자는 사용자와 표준 고용계약을 맺고 실업보험과 의료보험과 산재보험과 국민연금에 자동으로 가입되어 실업, 질병, 산재, 노후에 대처하는 것이 복지국가의 뼈대죠. 물론 보험료는 노동자와 사용자가 적절하게 분담합니다. 한편 복지국가에서 노동이 쉽지 않은 사회 구성원들에게는 공공부조를 제공했습니다. 공공부조는 소득 심사와 자산 심사

유럽의 복지국가와 다른 새로운 길

를 통과해야 합니다. 우리나라의 기초생활수급제가 공공부조의 대표입니다.

기본소득에 대한 관심이 커지는 이유

그런데 기존의 복지국가 시스템 안에서 해소가 잘 안 되는 현상이 나타났습니다. 4차 산업혁명으로 고용의 형태가 다양하게 변화되고 비정규직이나 플랫폼 노동자와 같은 불안정 노동자가 증가하는 현상이 바로 그것입니다. 그리고 기업이 비용 절감을 위해 외주·파견·하청 등을 통해 규모를 줄이는 경향도 늘어났습니다. 회사 측에서 생각해보면 인건비 자체를 줄일 수 있고 인건비에 붙어 있는 사회보험료와 복지비용을 줄일 수 있는 방법이죠. 이렇게 노동자의 대부분이 기업 외부에 존재하게 되면 '표준적 고용관계'에서 이탈하는 노동자는 더 늘어나게 됩니다.

이렇게 늘어나는 불안정 노동자는 공공부조에도 포함되지 못합니다. 노동자로서 소득을 낳는 경제활동을 하고 있기 때문이죠. 설사 사회보험에 가입한다고 하더라도 불안정 노동자는 기여 부분이 작은 까닭에 실업, 질병, 산재, 노후에 대한 보장성도 약합니다. 기존 복지국가의 사회보험과 공공부조로는 메워지지 않는 사각지대가 계속 늘어나고 있는 것이죠.[1] 좀 더 풀어 말하면, 온라인

플랫폼을 통해 생산, 판매, 중개, 배송, 배달이 이루어지는 플랫폼 경제가 늘어나면서 등장한 '플랫폼 노동자'도 노동자성을 인정받을 수 있고 이를 근거로 사회보험의 테두리 안에 들어올 수는 있지만, 플랫폼 노동자는 고용 상태가 매우 불안정하므로 사회보험에 들락날락하는 경우가 대부분이라는 것입니다. 게다가 노동자성을 인정받지 못한 플랫폼 노동자는 계속 증가합니다. 그렇습니다. 전통적 복지국가 시스템으로 해결할 수 없는 전혀 다른 양상이 전개되고 있는 상황이 기본소득이 요청되는 이유입니다.

억만장자들의 기본소득 발언

이런 까닭에 4차 산업혁명의 최대 수혜자들이 기본소득의 필요성을 외치고 있는 것입니다. 먼저 테슬라의 창업자 일론 머스크 Elon Musk의 발언을 보죠.

> 위험하고 반복적이며 지겨운 일은 로봇이 하게 될 것이다. 본질적으로 미래에는 물리적인 노동은 선택이 될 것이다. 그런 이유로 나는 장기적으로 보편적 기본소득이 필요하리라 생각한다 (2016년 11월).
>
> 자동화로 인하여 보편적 기본소득 혹은 그와 유사한 어떤 것으

로 귀결될 가능성이 매우 크다(2017년 2월).

로봇이 사람보다 일을 못하는 경우는 점점 더 줄어들 것이다. 대량 실업을 어찌할 것인가? 거대한 사회적 도전이 있을 것이다. 나는 궁극적으로 우리가 보편적 기본소득과 같은 것을 가지게 되리라 생각한다. 다른 선택의 여지가 없다(2021년 8월).[2]

일론 머스크는 자동화로 인한 대량 실업 사태를 걱정하고 있습니다. 그래서 그는 보편적 기본소득이 선택이 아니라 필수라고 주장합니다. 한편 페이스북의 창업자인 마크 저커버그Mark Zucker-berg도 알래스카가 원유 판매 수익금을 기초로 한 영구기금을 정기적으로 배당한, 이른바 원유 기반 기본소득에 큰 감명을 받아 다음과 같이 발언했습니다.

몇 가지 점에서 이것은 기본소득에 대한 참신한 접근법이다. 첫째, 증세하지 않고 천연자원으로부터 재원이 나온다. 둘째, 큰 사회 안전망이라는 진보적 원리가 아니라 작은 정부라는 보수적 원리로부터 생겨났다. 이것은 기본소득이 민주당과 공화당을 아우르는 아이디어라는 점을 보여준다.[3]

일론 머스크나 마크 저커버그와 같은 4차 산업혁명의 최대 수혜자들은 자동화 기술과 인공지능의 발달로 일자리가 줄어들면 전체 소득에서 노동이 차지하는 몫이 줄어들고 자본의 몫이 커져서 불평등이 커질 것이라고 예상합니다. 이로 인해 사회 불안이 높아지면 사회 전체가 파국을 맞을 수도 있다고 걱정하는 것이죠. 그래서 결국 모두에게, 조건 없이, 정기적으로, 똑같이, 현금으로 지급하는 기본소득을 제안한 것입니다.

재원 마련이 관건

국가적으로 기본소득을 실현한 유일한 나라가 있는데, 흥미롭게도 중동의 이란입니다.[4] 이란은 1980년대부터 식량과 에너지 구입에 막대한 보조금을 지급해왔다고 합니다. 이렇게 정부가 구입할 때마다 보조금을 지급하니 식량과 에너지 가격이 많이 내려갔고 에너지 소비는 크게 늘었습니다. 심지어 석유 밀반출이 빈번해졌고 그로 인해 석유가 부족해지자 산유국임에도 불구하고 석유를 수입하는 지경까지 이르게 되었다고 해요. 또 다른 문제는 에너지 보조금 혜택이 에너지를 많이 쓰는 상위계층에게 집중되었다는 점이에요. 소득이 많을수록 에너지를 많이 소비할 테니 에너지 보조금 혜택도 그만큼 많이 받게 된 것이죠.

이런 문제가 누적되자 이란은 2010년부터 에너지 보조금을 폐지하고 모든 국민에게 매월 40달러씩 지급하기 시작합니다. 명실

유럽의 복지국가와 다른 새로운 길

상부한 기본소득이죠. 에너지 보조금을 없애니 에너지 가격이 올라서 에너지 소비도 감소하고 원유 수입도 감소했지만, 에너지를 적게 쓰는 저소득층에게는 훨씬 큰 이익이었습니다. 고용 감소를 걱정했는데, 그런 일도 일어나지도 않았다고 하고요.

그런데 중대한 문제가 생겼습니다. 바로 재정 적자였습니다. 그래서 이란은 지급 방식을 '무조건 지급'에서 '자산조사에 기반한 현금 지급'으로 변경합니다. 기본소득의 가장 중요한 요건이 무조건성인데, 자격을 따지게 되니 기본소득이라고 하기 어렵게 되었습니다. 당연히 수혜자도 크게 줄었고요. 이란의 사례는, 기본소득 실현은 빈곤을 줄이고 (에너지 보조금을 지급하는 것보다 에너지 소비를 줄여) 환경에 친화적이지만, 지속적인 재원 확보 없이는 지속 불가능하다는 것을 고스란히 보여줍니다.

샘 알트만의 제안[5]

기본소득의 재원과 관련해 미국의 인공지능 연구소 오픈AI의 대표인 샘 알트만이 우리의 생각과 거의 같은 매우 중요한 제안을 했습니다. 알트만은 "생각하고 학습할 수 있는 소프트웨어가 현재 사람들이 하는 일의 점점 더 많은 부분을 대신하게 될 것"이고, 이렇게 되면 "더 많은 힘이 노동에서 자본으로 이동하게 될 것"이라고 내다보았습니다. 그러면서 "만약 공공정책이 이에 발맞춰 대응하지 못한다면 대부분의 사람들은 지금보다 더 열악한 상황에 처하게 될 것"이라고 우려합니다. 그는 "향후 5년 안에 생각할 수 있는 컴퓨터 프로그램이 법률 문서를 읽고 의료 자문을 제공할 것"이고, 향후 10년 후에는 로봇이 조립 라인에서 인간과 함께 일을 하고 심지어 동료가 될 수도 있다고 예상합니다. 그리고 그 이후 수십 년 안에 모든 면에서 우리의 이해를 확장할 새로운 과학적 발견을 포함해 거의 모든 일을 인공지능과 로봇이 대신할 것이라고 내다보고 있습니다. 계속되는 기술혁명은 결코 멈출 수 없다는 것이죠. 당연히 부를 생산하는 능력도 커질 것입니다.

그렇습니다. 기술혁명이 초래할 불평등 심화가 걱정입니다. 현재도 전 세계가 불평등 때문에 몸살을 앓고 있는데 말입니다. 이렇게 되면 모든 사람이 자신의 재능을 능력으로 바꿀 기회를 충분히 제공받지 못하는 매우 나쁜 사회로 전락할 수밖에 없습니다. 이것이 알트만이 기본소득을 제안하는 배경인데, 이것은 앞의 일론 머스크나 마크 저커버그의 걱정과 일맥상통합니다. 그가 앞의 두 사람과 다른 것은 재원을 구체적으로 제안했다는 것입니다.

그러나 알트만은 누진적 소득세로 기본소득의 재원을 마련하는 것에는 반대합니다. 누진적 소득세는 일자리에 부정적 영향을 준다고 보기 때문입니다. 그래서 그는 노동보다는 로봇과 같은 자본과 토지에 세금을 집중하고 이것을 시민들에게 직접 배당해야 한다고 주장합니다. 부의 원천인 자본, 그중에서 AI 사용 기업과 토지에서 기본소득의 재원을 마련할 수 있다고 보는 것이죠. 더 놀라운 것은 구체적인 과세 방법과 세율까지 제안하고 있다는 점입니다.

그는 기업 이윤에 세금을 부과하지 말고 기업 주식의 시가 총액에 2.5%의 세금을 부과하자고 제안합니다. 이윤에 부과하면 투자에 방해가 된다는 것이죠. 반면에 주식에 대한 세금 부과는 투자에 별로 영향을 주지 않습니다. 그리고 모든 토지에 2.5%의 보유세를 부과하자고 제안합니다. 이렇게 징수한 세액 전부를 모든 시민에게 해마다 정기적으로 배당하자는 것입니다. 배당금을 더 나은 교육, 의료, 주택, 회사 창업에 쓸 수 있게 하자는 것이죠.

토지보유세 실효세율 2.5%를 우리나라에 적용하면 얼마나 될까요? 자본은 논외로 하고 우리가 지금 다루고 있는 토지에 적용해보면 토지배당액이 무려 약 270만 원이나 됩니다. 이렇게 하면 한국 사회 불평등의 주범인 토지로 인한 불평등은 거의 해소될 것입니다. 전 국민 주거권 실현의 시기도 더 앞당겨질 것입니다. 토지에 짓눌렸던 생산과 창의의 용수철이 튀어 오를 것입니다. 이것이 바로 샘 알트만이 제안하는 것입니다.

토지는 인류 전체의 공유부입니다. AI와 로봇도 공유부의 성격이 강하죠. AI의 기반이 되는 데이터를 일반 시민이 만들었다는 것을 생각하면 쉽게 이해할 수 있습니다. 굳이 나누자면 토지는

'자연적 공유부'라고 할 수 있고 AI와 로봇은 '인공적 공유부'라고
할 수 있습니다.

이렇게 공유부를 기본소득의 재원으로 삼으면 이란의 경우처
럼 기본소득의 재원이 고갈되지 않습니다. 오히려 토지와 자본으
로 인한 불평등이 줄어듭니다. 경제 효율도 올라갑니다.

천연물의 극단적 사유화가 가져온 문제

우리는 이 책에서 토지에서 재원을 마련하는 기본소득인 토지
배당제를 제안하고 있습니다. 그리고 우리는 독자에게 좀 더 사고
를 확장하자고 제안합니다. 토지를 비롯해 인간이 만들지 않은 천
연물을 기본소득의 재원으로 삼는 것을 말입니다.

이 지점에서 우리는 '코로나19'라는 초유의 사태가 우리에게
주는 메시지를 다시 생각해야 합니다. 그것은 인류가 지금의 삶의
방식을 전면적으로 전환하지 않으면 환경재앙은 불 보듯 뻔하고
인류는 멸종될 수 있다는 강력한 메시지입니다. 자연에게는 우리
가 꼭 필요하지 않지만, 우리는 자연이 없으면 생존 불가능하다는
사실을 생각해야 합니다.

학자들에 따르면 사스, 메르스, 조류독감, 인플루엔자A와 같은
바이러스는 동물로부터 비롯되었다고 합니다. 예전에는 인간과

유럽의 복지국가와 다른 새로운 길

접촉하지 않았던 동물, 인간에게 위험한 바이러스를 지닌 동물들과의 접촉 횟수가 늘어난 게 원인이라는 것입니다. 인간이 자연으로 무분별하게 침범해 들어가면서 야생동물과 인간이 더 가까워진 것이 문제라는 것이죠.

한편 점증하는 온실가스로 인해 지구가 점점 더워지고 있는 지구온난화 현상도 바이러스 확산의 원인입니다. 코로나19도 박쥐에게서 비롯되었다고 하는데, 박쥐는 기본적으로 열대 포유동물입니다. 그런데 지구온난화로 인해 박쥐가 온대지역에서도 서식하게 되었고, 인간은 산업혁명 이후 지금까지 나무를 잘라내며 숲으로 들어갔으니 결국 박쥐와 인간이 만나게 된 것입니다. 그리고 코로나19와 같은 사태가 발생한 것이죠.

왜 이런 일이 일어났을까요? 원인 없는 결과는 없습니다. 근본적으로 보면 천연물의 극단적 사유화가 주범입니다! 토지, 자연자원, 생태환경이 천연물입니다. 일반 시민이나 학자들이 환경재앙의 문제를 신자유주의적 자본주의, 끝없이 편리함을 추구하는 인간의 욕망 등에서 찾고 있는데, 문제를 해결하려면 원인 진단을 정확하게 해야 합니다. 편리함을 추구하는 인간의 끝없는 욕망, 그리고 그것을 부추기는 신자유주의적 자본주의가 문제의 원인이라고 하면 해법은 묘연합니다. 인간의 욕망을 어떻게 제어할 것인가요? 욕망이 나쁜 것이라고 보기도 어렵습니다. 그리고 모든 인간이 도덕군자가 되는 것도 불가능한 일이죠. 신자유주의적 자본주의는 너무 큰 개념이어서 어떻게 접근해야 할지도 막막합니다. 그러나 하나 확실한 것은 오늘날 신자유주의적 자본주의에서 가장 문제가 되는 것은 '천연물의 극단적 사유화'라는 것입니다.

앞서 다뤘듯이 인간은 누구나 토지에 대한 권리를 평등하게 누려야 합니다. 이해관계를 떠나서 생각해보면 이건 너무 자명합니다. 그런데 토지뿐만 아니라 자연자원과 생태환경도 마찬가지입니다. 천연물에 대한 권리에서 누구도 배제되거나 소외되어서는 안 됩니다.

그러나 자본주의는 초기부터 이 천연물을 극단적으로 사유화했습니다. 자본주의의 처음 축적 단계에서 벌어진 인클로저 운동을 보세요. 모두가 함께 사용하던 공유지에 울타리를 치고 그 땅을 사용하던 농민들을 쫓아내자 사람들은 소작농으로, 도시의 저임금 노동자로 전락했습니다. 마르크스가 말하는 임금노동, 정확히 말하면 '임금노예'의 원인은 토지의 극단적 사유화였습니다.

환경재앙으로 이어지는 경로

천연물의 극단적 사유화가 어째서 환경위기로 이어지는지 좀 더 설명해보겠습니다. 대표로 토지의 사유화를 살펴볼게요. 우리나라의 대표적인 난개발지역인 용인시를 예로 들어보죠. 용인

유럽의 복지국가와 다른 새로운 길

시엔 지구온난화를 막아주는 푸른 산을 깎아서 공급한 주택단지가 상당합니다. 그럼 질문을 해보죠. 토지 소유자는 왜 산을 깎아서 대지로 만들려고 기를 썼을까요? 물으나 마나입니다. 돈이 되니까 그랬을 겁니다. 산을 깎아서 대지로 변경하려는 이유는 변경 즉시 토지가격이 급등하고 그 이익의 대부분을 소유자가 누릴 수 있기 때문입니다.

그런데 만약 산을 깎아 대지로 변경하고 그로 인해 상승한 토지가치의 거의 전부를 공공이 환수하면 어떻게 될까요? 애초에 산을 깎을 생각을 하지 않을 것입니다. 생태환경에서 중요한 역할을 하는 농지나 녹지를 택지나 공장용지로 전환하려는 욕구가 강한 이유도 마찬가지입니다. 수도권 근방의 농촌에 우후죽순으로 들어선 공장을 보세요. 회사들은 왜 공장이 들어설 수 있는 계획입지에 들어가지 않고 농가 근처에 공장을 짓는 개별입지를 좋아할까요? 농지를 공장 지을 수 있는 땅으로 바꾸는 즉시 토지가격이 뛰기 때문입니다. 심지어 농민들도 그것을 더 반깁니다. 농사지어서 먹고사는 것보다 자신이 보유한 농지를 공장 지을 수 있는 땅으로 변경하는 것이 더 많은 돈을 벌 수 있기 때문이죠. 그런데 마찬가지로 만약 농지와 녹지의 용도 변경으로 인해서 올라간 땅의 가치를 환수하면 농지와 녹지가 개발에 잠식당하는 일은 크게 줄어들 것입니다. 용도 변경을 위한 각종 로비와 부정부패도 사라지겠죠.

천연물의 사유화는 천연물에서 발생하는 '이익'의 사유화입니다. 그 이익의 사유화가 문제의 원인이고요. 그렇다면 토지의 경우엔 이런 질문이 나올 것입니다. 인구가 늘어나면 토지개발이 필요한 것 아니냐는.

물론 그렇습니다. 필요한 경우 녹지를 택지로 바꾸고 산지를 개발할 수도 있습니다. 그러나 그로 인해 상승한 토지가치를 공공이 환수하면 지금 같은 난개발과 막개발은 현저히 줄어듭니다. 그리고 토지가치를 공공이 환수하면 도시 내부의 방치되거나 저밀도로 사용하던 토지가 효율적으로 사용되고 주택도 투기의 대상이 되지 않기 때문에 과잉 공급, 과잉 개발로 인한 환경파괴도 일어나지 않습니다.[6]

토지이익 사유화로 인한 환경파괴 현상은 우리나라에서만 일어나는 일이 아닙니다. 대표적으로 지구의 허파라고 하는 아마존강 강우림이 어떻게 파괴되는지 살펴보죠. 라티푼디움이라는 대토지소유제로 유명한 브라질은 토지 소유자의 10%가 나라 전체의 80% 토지를, 단 1%의 지주들이 경작지의 48%를 소유하고 있다고 합니다. 더구나 토지를 독점한 극소수의 지주들은 투기이익을 얻기 위해 사용할 수 있는 땅을 놀리고 있습니다. 이런 까닭에 해마다 100만 명에 가까운 사람들이 이용할 수 있는 땅을 뒤로 한 채 먹고 살기 위해 아마존 밀림으로 들어갑니다. 그리고 이것은 환경파괴를 낳고 있습니다.

브라질에서 토지를 취득할 수 있는 유일한 장소는 거대한 아마존강 유역의 강우림 지대이다. 1970년 이래 500만 명 내지 1,000만 명이 이 북쪽 변경으로 이주하였다.…보수적인 추산에 따르더라도 매년 코네티컷주 크기 정도의 아마존 지역에서 삼림이 벌목되고 불태워진다. 그러나 이 지역의 무른 표토表土는 장기간의 경작을 견딜 수 없다. 그 토지는 개간 후 몇 년이 지나면 쓸모없는 덤불로 전락하기 때문에 이주자들은 다른 토지를 찾아 계속 삼림으로 들어간다. 아마존강 유역은 지구 생태계에 결정적인 고리이다. 그것은 전 세계 열대강우림의 1/4을 차지하며, 서식하고 있는 생물의 종류가 지구상의 다른 어떤 지역보다 더 다양하다. 200만 종의 생물들이 거기서 발견될 수 있다. 그러나 강우림이 사라짐에 따라 수많은 종의 서식처도 사라지고 있다. 강우림은 지구 온실 효과에 대한 중요한 완충 장치이기도 하다. 왜냐하면 강우림은 태양열을 가두어두는 이산화탄소를 흡수하기 때문이다.[7]

만약 브라질이 토지가치를 환수하면 어떻게 될까요? 농지는 농민이 소유하고, 버려지고 방치된 땅은 효율적으로 사용될 것입니다. 사람들이 주택을 여러 채 소유하지도 않을 뿐만 아니라 도시의 토지도 밀도 있게 개발될 것입니다. 도시계획이 쉬워져 난개발과 막개발은 일어나지 않고, 아마존 강우림은 보호되며, 지구온

211

난화는 상당 부분 예방될 것입니다.

지구온난화의 또 다른 주범인 탄소 배출도 마찬가지입니다. 탄소를 많이 매출한다는 것은 자연환경을 오염시킨다는 것이고, 그것은 그만큼 모두가 누려야 할 자연환경을 사유화하는 것과 같습니다. 만약 탄소배출량에 따라서 세금을 강하게 부과해 기본소득의 재원으로 삼으면(이것을 탄소배당이라고 부릅니다) 어떻게 될까요? 탄소배출량이 줄어듭니다. 그리고 탄소배출량을 줄이는 기술이 더욱 발전할 것입니다. 다시 말해 석탄이나 석유 사용을 절감하는 산업이 자연스럽게 발전할 것입니다.

그렇다면 자연자원은 어떻게 해야 할까요? 자연자원을 소유·사용하는 자에게 가치에 비례하여 세금을 부담하도록 하고 거기에 더해 고갈 문제를 해결하기 위한 대체비용도 부담하게 해야 합니다. 그리고 고갈비용은 기금화해서 후세대도 사용할 수 있도록 해야 합니다. 마지막으로 생태환경에 대해서도 배타적 소유에서 발생하는 지대와 오염 피해 복구에 상응하는 비용을 부담하도록 해야 합니다. 환수한 것에서 일정 부분은 지금 세대를 위한 기본소득의 재원으로 사용하고, 나머지는 미래 세대를 위해 기금으로 쌓아둘 필요가 있습니다. 알래스카는 현재 원유 판매 수익을 기금화하여 운영 수익으로 매년 배당하고 있는데, 여기서 주목할 것은 원유 판매 수익금이 없더라도 이미 기금이 형성되어 있어서 미래 세대도 배당의 수혜자가 될 수 있다는 것입니다.

유럽의 복지국가와 다른 새로운 길

천연물 기본소득의 길

이제 인류의 생태적 전환은 선택이 아니라 필수가 되었습니다. 여기서 생태적 전환의 핵심은 생산과 소비 방식의 변화인데, 우리가 분명히 알아야 할 것은 소비보다 생산이 더 중요하다는 점입니다. 상품 생산의 단계에서 자원을 덜 소비하고, 환경 오염을 줄이고, 탄소를 덜 배출하는 방식의 전환이 일어나야 합니다. 난개발과 막개발을 통한 주택과 빌딩 건축이 불가능하도록 만들어야 합니다. 즉 우리 후대도 누려야 할 산림을 파괴하고 농지와 그린벨트 지역을 해제해서 개발하는 방식은 사라져야 합니다. 탄소 배출을 줄이고 자연자원을 최소한으로 사용하는 방식으로 전환해야 합니다.

그런데 이것은 천연물에서 발생하는 가치를 기본소득의 방식으로 공유화해야 비로소 실현 가능해집니다. 대다수의 지지를 받을 수 있기 때문이죠. 이 지점에서 우리는, 지금까지 자본주의 시장경제는 천연물을 소수가 독점하고 거기에서 발생하는 이익을 극단적으로 사유화하는 방식으로 운영되어왔고, 바로 이것이 사회경제적 불평등과 환경파괴의 근인根因이었다는 점을 다시 유념할 필요가 있습니다.

코로나19 경험은 우리에게 많은 시사점을 던져주었습니다. 잠시 우리에게 푸른 하늘을 맛보게 해주었고, 게으를 권리를 모든 사람에게 부여해야 한다는 점을 일깨워주었습니다. 이것을 눈 밝은 문학평론가는 다음과 같이 표현했습니다.

우리는 코로나19 발생 초기 코로나19의 기세에 눌려 잠시 우리의 상징적 질서 전체가 잠시 느슨해졌던 때를 떠올릴 필요가 있다. 그때 보고 맛보았던 푸른 하늘과 맑은 공기, 그리고 그런 상황 속에서도 노동의 현장에서 잠시도 떠나지 못하던 노동자들을 말이다. 우리의 자본주의적 상징질서가 잠시 멈춘 그때 잠시 모습을 드러내고 사라진 그 실재적 풍경 속에 우리의 갈 길이 지시되어 있었던 것은 아닐까. 그러니까 우리는 오로지 과잉의 이윤추구를 위해 파국 속에서도 무모하게 질주하는 한계의 상징질서의 속도를 늦추는 데 온 힘을 모아야 하는 것은 아닐까. 그리고 그 순간에도 생존을 위해 목숨을 걸고 노동해야 하는 이들에게 잠시 쉴 수 있는 틈, 게으를 수 있는 여유와 권리를 보장해야 하는 것은 아닐까. 만약 현재 상징질서의 질주를 멈출 수 없다면, 사회 구성원 모두에게 게으를 수 있는 여건을 만들어서 신자유주의적 상징질서의 광기의 질주를 멈추게 해야 하는 것은 아닐까. 그리고 이것이 코로나19가 그 엄중한 경고와 함께 우리에게 보여준 '진리의 빛'이 아닐까.[8]

푸른 하늘과 게으를 권리가 보장된 사회로 전환하지 않으면

유럽의 복지국가와 다른 새로운 길

우리는 공멸할 것이라는 경고를 많이 봅니다. 우리가 생각하는 가장 좋은 방안은 '천연물 기본소득'의 길입니다. 그래서 토지배당제를 제안하는 것입니다. 토지배당제를 실현하고 탄소세 부과분을 기본소득의 재원으로 삼는 탄소배당제도 실현해야 합니다. 전술했듯이 그 길이 정의와 효율의 길이고, 인간이 자연과 더불어 사는 길이기도 합니다.

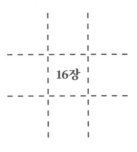

16장

토지배당제는
실현 가능한 대안!

새로운 사회로 전환하려면 '대안'代案, 실현 가능한 대안을 제
시해야 합니다. 그러면 여기서 실현 가능하다는 것은 무슨 뜻일까
요? 우리는 실현 가능성의 조건 세 가지를 제시합니다.

하나는 지속가능성입니다. 지속가능성은 실현의 전제 조건입
니다. 앞의 중동 지역 이란이 보여준 사례에서처럼 지속가능성에
서 가장 중요한 것은 재원입니다. 다시 말해서 재원 마련이 지속
적으로 가능하냐가 핵심입니다. 기본소득 재원의 원천은 크게 보
아 노동, 자본, 토지라고 할 수 있습니다. 노동의 임금을 기본소득
의 재원으로 삼을 수 있고, 자본의 이윤에 세금을 부과해 배당할

216

수 있으며, 우리가 다룬 것처럼 토지를 기본소득의 재원으로 사용할 수 있습니다.

이 중에서 지속가능성의 관점에서 봤을 때 으뜸은 무엇일까요? 여기까지 책을 읽어온 독자라면 토지라고 답할 것입니다. 토지는 영속적으로 존재합니다. 심지어 인간이 사라져도 토지는 존재합니다. 그리고 사회가 존재하는 한 토지가치는 발생합니다. 사회가 성장하면 토지가치는 커지죠. 기본소득의 재원이 증가한다는 것입니다. 반면 노동, 즉 일자리에서 기본소득의 재원을 마련하는 것은 약점이 많습니다. 4차 산업혁명으로 괜찮은 일자리가 줄어들고 있다는 것이 그 대표적 이유입니다. 일자리가 늘어나도 불안정한 것이 대부분이죠. 물론 자본에 부과하는 것도 좋습니다. 샘 알트만이 이야기했듯이 자동화된 기계가 인간 노동의 상당 부분을 대체할 것이기 때문입니다. 특히 인공지능은 모든 사람이 참여해서 만든 데이터에 기반하므로 기본소득의 재원으로 정당하기까지 합니다. 그러나 그렇다 하더라도 토지만 못합니다. 극단적으로 말해서 자본은 사라지더라도 토지는 존재하기 때문입니다. 그렇습니다. 지속가능성 면에서 토지를 따라올 재원은 없습니다.

실현 가능성의 두 번째 조건은 상호보완성입니다. 상호보완성이란 내놓은 대안이 경제의 다른 부문과 아귀가 맞아야 한다는 것입니다. 한 부분에서 완결성이 있다 하더라도 그 부분을 전체 속에 놓고 나면 다른 부문과 충돌할 수 있기 때문이지요. 어느 한 부문의 대안은 다른 영역의 문제 해결에 긍정적인 역할을 해야 합니다. 토지배당제는 부동산 시장 전체를 건강하게 하는 데 큰 도움이 됩니다. 무엇보다 투기 차단에 도움이 되죠. 앞서 말했듯이 부동산의 기대수익률을 줄이기 때문입니다. 투기 차단이 주거 안정에 도움이 된다는 것은 설명할 필요조차 없습니다.

두 번째로 토지배당제는 경제 활성화에도 도움이 됩니다. 배당액을 지역화폐로 지급하면 지역 경제가 살아납니다. 자연스럽게 소비가 증가하기 때문입니다. 그런데 여기서 증가하는 소비는 사치품에 대한 소비가 아닙니다. 해외여행 경비도 아닙니다. 지역에서의 소비입니다. 특히 수도권 집중도가 극심한 우리나라는 효과가 더 극대화될 수 있습니다. 지역의 시장과 공동체가 살아나기 때문이죠. 토지배당액은 침체 혹은 쇠락하고 있던 지역을 부흥시킬 마중물이 될 것입니다. 토지배당제는 부동산 투기 차단에, 국민경제 전체에, 지역사회 부흥에 큰 도움이 됩니다. 토지배당제가 경제의 다른 부문과 아귀가 맞기 때문입니다.

도입 이후 전진만 가능한 이유

실현 가능성의 세 번째 기준은 대중적 선호도입니다. 대안의 실현 가능성은 일반 시민의 선호에 달렸다고 해도 과언이 아닙니

토지배당제는 실현 가능한 대안!

다. 그리고 그 선호도는 계속 유지되어야 합니다. 그런데 앞에서 다뤘듯이 토지배당제는 경제적으로만 보면 90% 이상이 지지할 수 있는 제도입니다. 그 제도를 지키려고 하는 '천사'가 많기 때문이죠. 토지가 없는 개인은 당연하고 토지를 보유한 개인이나 가구도 지지할 수 있습니다. 왜냐하면 부담보다 혜택이 크기 때문입니다. 그리고 한 번 배당을 경험하게 되면 선호도가 더 올라갈 것입니다. 국민 대다수는 부동산 시장의 안정을 바라는데 토지배당이 여기에 도움이 되기 때문입니다.

특히 모두에게 배당하기 때문에 부동산을 보유하지 않은 세대의 지지가 압도적으로 클 것입니다. 이것이 한 번 도입하면 후퇴는 불가능하고 전진만 가능한 이유입니다. 즉 배당의 규모를 늘리자는 주장이 커질 것입니다. 토지배당제는 무주택자가 강력하게 지지하는 대안이고, 유주택자보다 무주택자에게 유리한 대안이며, 다주택자보다 1주택자에게 유리한 대안이고, 고가高價 1주택자보다 중저가中低價 1주택자에게 유리한 대안입니다.

새로운 사회로 가는 길

이렇듯 토지배당제는 실현 가능한 대안입니다. 게다가 인간이 만들지 않은 자연자원이나 생태환경까지 확대하면 생태적 전환에도 큰 도움이 됩니다. 그러니 미룰 이유가 없습니다. 우리 사회의 미래를 생각하는 정치인이라면 응당 추진해야 하고 한국 사회를 걱정하는 시민이라면 당연히 지지해야 합니다.

마지막으로 대한민국에서 토지배당제 실현은 새로운 사회로 가는 길이라는 점, 나아가 생태환경의 위기와 불평등 심화에 절망·탄식하고 있는 인류에게 새로운 희망을 제공하는 길이라는 점을 강조하고자 합니다. 앞서도 말했지만 전 세계의 모든 나라가 기본적으로 존중하는 시장경제는 너무나 큰 병이 들었습니다. 무엇보다 불평등이 너무 커졌습니다. 일국 내에서뿐만 아니라 국가 간에도 그렇습니다. 지금 한국 사회는 일하고 싶지만 괜찮은 일자리가 턱없이 부족해서 절망하는 청년과 장년이 상당하고, 가난한 노인도 OECD 국가 중 가장 많으며, 노동소득으론 미래가 불안해 불로소득을 노리며 비트코인, 주식, 부동산 갭투기에 몰두하는 사람이 엄청납니다.

그렇다고 시장을 계획으로 대체하는 것은 불가능하고 해서도 안 됩니다. 분업과 전문화를 바탕으로 하는 시장은 최소의 노력으로 자신의 욕구를 충족시키려는 인간의 본성상 자연스럽기 때문입니다. 그러므로 우리는 시장을 대체할 무엇인가를 찾기보다 불평등과 독점과 투기가 일상화된 지금의 시장경제를 극복할 방안을 찾아야 합니다. 그런 관점에서 토지배당제의 잠재력이 상당하다는 것을 발견하게 됩니다. 토지배당제는 토지 독점 타파에 큰 도움이 됩니다. 그런데 여기서 주목해야 할 것은 토지 독점 타파가 자본 독점을 낮추는 데 큰 도움이 된다는 점입니다. 처칠_{Winston Churchill}이 말했듯이 토지 독점은 자본 독점의 어머니이기 때문입니다.[1]

한편 토지배당제는 기존의 복지국가와 다른 길입니다. 복지국가는 노동과 자본의 타협입니다. 그러나 앞서 설명했듯이 복지국가는 곧 도래할 4차 산업혁명 시대에 잘 맞지 않습니다. 기본소득이 대안이 될 수 있습니다. 그렇다고 복지국가의 유효한 복지제도를 모두 없애고 기본소득을 도입하자는 것은 아닙니다. 기본소득이 '없는' 복지국가가 아니라 기본소득이 '있는' 복지국가로 나아가자는 것입니다.[2] 그리고 기본소득의 주된 재원을 토지, 나아가 천연물로 확대하자는 것입니다.

토지, 나아가 천연물 기반 기본소득은 지금까지 어떤 나라도 보여주지 못한 새로운 길입니다. 토지 독점을 타파하고 난개발과 막개발을 막는 데 도움이 되고 생태환경에도 친화적인 길이지요. 이렇게 우리나라에서 토지배당제를 도입하는 것은 인류에 새로운 희망을 제시하는 획기적 사건이 될 것이라고 우리는 확신합니다.

토지배당제의 과세 체계

◎ **토지배당세**=토지과세표준×세율-재산세 토지분-기본공제
　　　　　　(법인 등)

① **전국 토지 합산**: 개인과 법인이 보유한 전국의 토지를 모두 합산.

② **3가지 조정 장치**: 과표적용률, 특례세율(평시 0%), 기본공제를 통해 적정 세 부담 조절.

③ **세율 단순화**: 최고세율 1.8% 누진세율로 개인, 법인, 비법인을 하나의 세율구조 적용.

④ **법인·비법인 기본공제**: 소액의 토지를 보유한 법인과 비법인은 과세 대상에서 제외.

⑤ **재산세액 공제**: 재산세 토지분에 해당하는 금액 전액 공제.

◎ 세금 부분

- 원칙에 따라 토지유형별로 **과표적용률**(20-100%)을 적용한 후 전체 합산하여 과세표준을 산정하고, 과세표준에 초과 누진세율 적용.

  • 낮은 재산세율이 적용된 저율 분리과세대상 토지는 낮은 과표적용률 적용.

세금 부분 계산 과정

공시가격		과표반영률		과표		세율	재산세 공제
분리과세 대상토지[1]	논, 밭, 과수원, 임야(0.07%)	20%					
	대지, 공장용지, 잡종지(0.2%)	50%		전국 토지 모두 합산	×	누진 세율[2]	토지분 재산 세액
	골프장, 유흥시설 등(4.0%)	100%	×				
별도합산과세대상토지(0.2-0.4%)		60%	⇒				−
종합합산과세대상토지(0.2-0.5%)		100%					
주택부속토지(0.05-0.35%/0.1-0.4%)		90%					

* 괄호( ) 안은 재산세율.
1) 분리과세대상토지는 종합부동산세 과세 대상이 아니지만 토지배당제에서는 과세 대상임.
2) 골프장 등의 토지, 3주택 이상 다주택자의 부속토지에 대해서는 특례세율 적용.

- 학교법인, 사찰, 종중 등 재산세 감면이 적용된 토지에 대해 낮은 과표적용률 적용.
- 다주택자의 부속토지, 골프장 토지(재산세 4%) 등은 **특례세율**(0%-0.6%) 추가.
- **재산세 토지분은 전액 공제하여 이중과세 배제.**

1. 과표적용률

- 주택의 부속토지는 기본소득 등이 적용되는 점을 감안하여 90% 비율 적용.

- 기존에도 높은 세율이 적용된 종합합산토지는 100% 비율 적용하고, 상대적으로 낮은 세율이 적용된 별도합산토지와 분리과세대상토지는 낮은 과표적용률 적용.

- 법인이 주로 보유한 대지, 개인이 보유한 논·밭·과수원, 사찰과학교법인 등 기타법인이 보유한 저율 분리과세대상토지, 감면토지에 대해 20% 비율을 적용하여 세 부담 완화.

과표적용률

항목	비율	항목		비율
주택용지	90%		저율	20%
종합합산토지	100%	분리과세 대상토지	일반	50%
별도합산토지	60%		고율	100%

2. 명목세율: 과표구간 6개, 최고세율 1.8%의 초과 누진세율

명목세율

3억 원 이하	6억 원 이하	12억 원 이하	24억 원 이하	50억 원 이하	50억 원 초과
0.4%	0.7%	1.0%	1.5%	1.8%	2.0%

3. 특례세율: 3주택 이상(평시 0%, 위기 시 최대 0.6%),

골프장·단란주점 등 토지(2.5%)

- 2주택자는 특례세율을 미적용하여 종부세의 2주택자 중과제도의 문제점 해소.

- 3주택 이상에 한해 특례세율 제도를 운용하되, 평시에는 영세율을 적용하고 주택시장이 과도하게 급등하는 경우에 한해 최대 0.6% 포인트의 중과세율 추가 가능(시행령 사항).

- 유사제도: 법인의 양도차익에 대한 추가세율 적용, 양도소득세 중과세율, 토빈세.

4. 기본공제: 법인·비법인 등 100만 원

- 법인·비법인 기본공제(환급 불가): 공제액에 따라 85% 이상의 법인과 비법인이 비과세.

과표적용률 중장기 로드맵

◎ 토지세의 과표적용률을 점차 강화

- 상대적으로 과표적용률이 낮은 토지에 대해 점진적으로 비율 인상.

- 이를 통해 기본소득 규모를 점차 높일 수 있음.

- 세수 규모에 따라 비율 인상분을 현행 10%p 수준에서 낮은 수준으로 조정 가능(재산세 저율세율 대상 및 감면대상 토지는 4%p씩 인상하는 방안 검토 가능).

과표적용률 중장기 로드맵

연도		T년	T+1년	T+2년	T+3년	T+4년
주택용지		90%	100%	100%	100%	100%
종합합산토지		100%	100%	100%	100%	100%
별도합산토지		60%	70%	80%	90%	100%
분리과세 대상토지	재산세 저율세율 대상	20%	24%	28%	32%	36%
	재산세 일반세율 대상	50%	60%	70%	80%	90%
	재산세 고율세율 대상	100%	100%	100%	100%	100%
재산세 감면대상 토지		20%	24%	28%	32%	36%

* 참여정부는 재산세, 종부세의 과표적용률의 단계적 인상 스케줄을 법률에 명시한 바 있음.
다만 MB정부 들어 과세적용률을 고정시키고 이를 시행령에 명시함.

새로운 분배정의론 구상

이 책에서 제시한 토지배당제는 대한민국 불평등과 비효율의 주범인 토지 문제를 해결할 수 있는 유력한 대안입니다. 그뿐 아니라 토지배당제는 환경 보존에도 상당히 긍정적 영향을 미치게 됩니다. 그래서 우리는 토지배당제가 생태적 전환이 가능한 새로운 사회의 마중물이 될 수 있다고 생각합니다. 그런데 새로운 사회로 전환·이행하려면 토지배당제를 포함하면서 기존 분배정의론의 한계를 뛰어넘는 새로운 분배정의론이 필요합니다.

이런 문제의식 아래 시장경쟁에서 결정되는 1차 분배, 국가가 직접 영향을 미치는 2차 분배, 그리고 인간이 만들지 않은 토지와 자연자원과 생태환경을 의미하는 천연물에 대한 분배 원리까지 담은 새로운 분배정의론을 제시하려고 합니다. 말하자면 여기서 제시하는 새로운 분배정의론은 '전체'이고 앞에서 제시한 토지배당제는 '부분'에 해당됩니다. 이 글은 앞의 글과 달리 논문 형식으로 서술되어 있습니다.

새로운 분배정의론의 필요성

경제 불평등 해소는 한국 사회뿐만 아니라 세계 모든 나라의 주요 과제다. 그러나 경제 불평등이 사회 모든 영역에 가장 큰 영향을 미친다는 것을 생각하면 주요 과제가 아니라 가장 중요한 과제라고 해야 할 것이다. 어쩌면 이 과제는 인류의 미래 존속 여부와 가장 연관이 깊은 주제라고 할 수 있다. 현재 전 세계 모든 나라는 하나같이 불평등으로 몸살을 앓고 있다. 새로운 분배정의론을 학수고대하고 있다는 것이다.

그렇다면 불평등 해소를 위해 우리는 어디서부터 시작해야 할까? 우리는 분배정의론을 새롭게 정립하는 일이라고 생각한다. 이렇게 말하면 '정의론'이 없어서 불평등을 해소하지 못하는 것이 아니라는 반론이 자연스럽게 제기된다. 실현할 의지를 가진 주체가 없는 것이 문제지 불평등에 관한 원인 진단과 해법은 이미 제시되어 있다는 것이다. 일리가 있는 지적이다. 그러나 지금까지 제시된 분배정의론은 한계가 크다. 분배정의론의 역할은 불평등을 낳은 모든 원인을 일목요연하게 파악하도록 돕고 해법에 대한 이론적·철학적 근거를 제시하는 것인데, 기존에 제시된 분배정의론은 모든 원인이 아니라 일부에 주목하는 경향이 있고, 작금의 불평등 해소에 도움이 되는 선명한 기준을 제공하는 데도 한계가 있다.[1] 이것을 킴리카Will Kymlicka는 아래와 같이 지적한다.

자유적 평등을 실현함에 있어 복지국가의 한계점을 인정한 것은 롤스의 공로라 할 수 있다. 그렇지만 불행하게도, 롤스는 자신의 재산 소유 민주주의에 대해서 상세한 설명을 하고 있지 않다.…상속을 제안하는 다소 조심성 있는 제안을 제외하고, 롤스는 그러한 재산 소유 민주주의를 어떻게 실행할지 또는 우리 사회의 뿌리 깊은 계급 불평등을 어떻게 제거할지에 관한 구체적 생각을 제시하지 않는다. 마찬가지로 드워킨 역시 사전적인 자산을 어떻게 평등화시킬 것인지에 관하여 아무런 제안을 제시하지 않고 있다. 간단히 말해, 자유적 평등주의자들의 제도적 공약은 이들의 이론적 공약과 보조를 맞추지 못하고 있다. 이 점이 바로 자유적 평등주의의 정치에 있어서의 하나의 긴장, 혹은 심지어는 위기로 연결되었다(Kymlicka 2006, 126).[2]

분배정의론이 중요한 원칙을 제공하는 것 같으나 무엇을 어떻게 해야 할지의 단계로 내려오면 막연하다는 것이 킴리카의 비판이다. 다시 말해서 선명하지 않다는 것이다. 이런 까닭에 우리는 분배의 모든 국면을 포괄하되 오늘날의 불평등 현실을 타개할 원칙 제시가 가능할 수 있을 정도로 분배정의론을 구성하려 한다.

여기서 한 가지 밝혀둘 것은 새로운 분배정의론은 계약론에 바탕을 둔다는 점이다. 계약 상황에서 사람들이 분배의 원칙에 합의하는 것으로 분배정의론을 구성하려고 한다. 그렇다고 해서 롤스처럼 '무지의 베일'을 도입한다던가, 그 반대에 있는 노직처럼 '자기소유권'을 전제한다든가 하는 가정은 하지 않는다. 보편성을 추구하기 위해 기존 학자들의 전제 속으로 들어가 새로운 분배정의론이 제시하는 정의의 원칙들을 검토하려고 한다.

그렇다면 여기서 말하는 분배의 '모든 국면'이란 무엇인가? 그 것은 1차 분배가 이루어지는 시장경쟁 단계를 경쟁의 준비 단계, 과정 단계, 결과 단계로 구분해서 설명하고, 2차 분배, 즉 재분배의 원칙을 독립적으로 구성하는 것을 뜻한다. 여기에 더해서 인간이 만들지 않은 천연물(토지, 자연자원, 생태환경)에 대한 분배 원칙도 독자적으로 다룬다.

이런 상황에서 계약 당사자들이 동의할 수 있는 정의의 원칙은 첫 번째가 '천연물 기본권'의 원칙이고, 두 번째가 '공정한 경쟁'의 원칙이며, 세 번째가 '노력 소득 보장'의 원칙이다. 첫 번째 원칙은 시장에서 경쟁이 일어나기 '이전' 단계의 원칙이고, 두 번째는 시장경쟁에서 결정되는 1차 분배 단계에 해당하는 원칙이며, 세 번째는 국가가 직접 개입하는 2차 분배, 즉 재분배 단계의 원칙이다. 요약하면 인간이 만들지 않은, 다시 말해서 공급이 고정된 천연물에 대한 권리는 모두가 똑같이 누리는 기본권이어야 하고, 1차 분배가 이루어지는 시장경쟁은 출발·과정·결과 모두 공정해야 하며, 그 결과로 발생한 노력 소득은 보장하되 상속과 증여와 같은 운에 의한 불로소득은 누진적으로 환수하는 것이 우리가 제시하는 새로운 분배정의론의 내용이다. 아래 이것을 하나하나 설명한다.

제1원칙: 천연물 기본권의 원칙

계약론은 '계약'이라는 사고 실험을 통해 합리성을 지닌 계약 당사자들이 사회의 기본제도를 어떻게 구성할지를 논증해내는 이론이다. 그렇다면 계약 당사자들이 분배와 관련한 원칙을 제정할 때 가장 먼저 다뤄야 할 것은 무엇일까? 다시 말해서 계약의 테이블 위에 올라온 것 중 가장 시급하고 중요하게 다루는 것이 무엇일까? 인간이 만들지 않은 토지를 비롯한 천연물이다. 천연물은 주어져 있고 모든 인간은 그 위에서 그것을 활용하면서 살아가기 때문이다.

여기서 분명하게 지적할 것이 하나 있다. 계약론의 관점에서 기존에 제시된 대부분은 천연물을 독자적으로, 그리고 중요하게 다루지 않는다는 것이다. 천연물을 사소하게 다루는 것을 어떻게 봐야 할까? 우리는 분배정의론을 다루는 학자들이 주류 경제학 이론에 영향을 받았기 때문이라고 본다. 경제학이 여타 학문에 끼치는 영향력이 크다는 것을 염두에 두면 분배정의론을 논구하는 정치철학자들이 의존한 경제학은 자신이 구상한 정의의 원칙에 영향을 줄 수밖에 없다. 아무리 계약론을 통해서 분배정의론을 도출한다고 해도 '계약 당사자'들은 결국 기존 경제학에 영향을 받는 '상상의 인물'이기 때문이다.

정말로 그런지 대표적인 정치철학자 존 롤스를 예로 들어보

자. 롤스가 의지한 경제학은 "경쟁적 균형 모델을 준거점으로 하는 신고전파 미시경제학"(민경국, 2007, 128), 즉 주류 경제학이다 (박순성, 1998, 108). 주류 경제학인 신고전주의 경제학은 토지, 즉 천연물의 중요성을 간과하는, 더 정확하게 말하면 천연물을 다른 생산수단과 같다고 보는 전통이 면면히 흐르고 있다. 신고전주의 경제학의 주춧돌을 놓았다고 평가되고 한계생산성이론을 창안한 클라크John Bates Clark는 경제학에서 토지와 자본의 차이를 없애기 위해 상당히 노력한 인물로 알려져 있다(Hunt, 1983, 477; Gaffney, 1994, 48; Henry 1995, 38). 클라크가 창안한 한계생산성이론에 의하면 하나의 생산요소에 대한 대가는 그 생산요소의 마지막 단위가 만드는 생산물의 가치다. 임금은 노동의 한계생산이고, 이자는 자본의 한계생산이며, 지대는 토지의 한계생산인데, 이처럼 세 가지 생산요소에 대한 대가가 모두 동일한 원리에 의해 결정된다는 이야기는 세 가지 생산요소에 차이점이 없음을 암시한다(전강수, 2012, 26). 토지가 다른 생산수단과 별 차이가 없다는 생각은 그의 제자이자 시카고학파Chicago School의 창시자인 프랭크 나이트 Frank Knight에게로 전수된다. 제임스 뷰캐넌James Buchanan, 밀턴 프리드만Milton Friedman, 조지 스티글러George Stigler와 같은 쟁쟁한 경제학자들의 스승이기도 한 그는 자기의 스승 클라크의 주장을 따라 토지의 요소소득인 지대와 자본의 요소소득인 이자 간에는 차이가 없으므로 토지와 자본을 구분하는 것마저도 불필요하다고 했

고, 심지어는 토지의 지대에 대한 세금은 자본에 대한 세금과 마찬가지로 비효율을 초래할 것이라는 그릇된 주장을 하기도 했다(Tideman and Plassmann, 2004, 382-383). 이렇게 신고전주의 경제학이 토지(천연물)의 독특성과 중요성을 무시하기 위해서 동원했던 방법은 토지와 다른 생산수단의 근본적 차이를 제거하는 것이었다. 오늘날 주류 경제학인 신고전주의 경제학 교과서에 토지가 거의 등장하지 않는 것은 결코 우연한 일이 아니다(전강수, 2012, 27-28).

하지만 롤스가 토지를 독자적으로 다루지 않는 이유는 신고전주의 경제학의 영향 때문만은 아닐 것이다. 토지와 천연물을 중요하게 다루지 않기는 케인스 경제학이나 마르크스 경제학도 비슷하기 때문이다. 마르크스는 토지를 자본에 넣어서 '불변자본'이라는 틀 안에 가둬버렸고,[3] 케인스는 토지는 농경시대에서나 중요했다고 하면서 그 중요성을 기각시켰다(Keynes, 1997, 242). 요컨대 신고전주의 경제학이든 케인스 경제학이든 마르크스 경제학이든 토지를 중요하게 다루지 않는 것은 같으므로, 롤스의 정의론에 등장하는 계약 당사자들이 토지를 비롯한 천연물을 독자적으로 취급하지 않는 것이다. 이런 경제학에 영향을 받은 정치철학자들은 천연물과 인공물을 묶어서 자산 혹은 생산수단이란 이름으로 처리한다. 천연물을 양을 늘릴 수 있는 자본의 하나로 보기도 하고 토지를 건물과 합하여 '부동산'이란 이름으로 다루는 이유가 바로 여기에 있다는 것이다.

그러나 천연물은 독자적으로 다뤄야 한다. 천연물과 인간이 만든 일반 재화인 인공물은 근본적으로 다르다. 그리고 가치의 운동 방향도 다르다. 천연물은 대개의 경우 가치가 올라가지만 인공물은 시간의 경과에 따라 가치가 하락한다. 그러므로 아래에서는 천연물을 독자적으로 다루지 않은 학자들의 분배정의론 체계에 천연물을 집어넣으면 어떤 결론이 도출되는지를 검토하는 방식으로 진행하려고 한다.

그러면 계약 당사자들은 천연물에 어떤 원칙을 적용하자고 할까? 우리는 '천연물 기본권의 원칙'에 합의할 것이라고 본다. 왜냐하면 천연물은 인간의 삶에서 필수재이기 때문이다. 물론 기본권의 적용 방법은 좀 더 검토가 필요하지만, 천연물에 대한 권리에서 누구도 배제될 수 없다는 것에 이견이 있을 수 없다. 여기서 한 가지 더 추가할 것은 미래 세대에게도 똑같은 권리가 주어져야 한다는 것이다. 아래에서는 천연물 기본권의 원칙을, 사적 소유권을 강하게 주장하는 로크John Locke와 노직, 반대편에 있는 롤스와 드워킨Ronald Dworkin을 통해서 도출해본다.

먼저 로크의 소유권 이론에 천연물을 넣어보도록 하자. 근대 재산권 이론을 정립한 것으로 알려진 로크 이론의 특징은 천연물과 인공물을 분리해서 다룬다는 것이다. 그가 제시한 재산권 이론, 즉 나의 몸은 내 것이기 때문에 내가 노력한 산물도 내 것이라는 이론의 적용 대상은 인공물이다. 그는 천연물의 대표인 토지 자체가 노동의 산물이 아니고 토지가 생산의 기반이라는 것이 자명한 까닭에 공유물임을 전제한 후, 공유물인 토지를 사유화하려면 '다른 사람에게도 충분히 좋은 토지가 남아 있어야 한다'는 이른바 '충분단서'sufficiency proviso를 제시한다. 로크가 이런 단서를 둔 까닭은 공유물인 토지에 대한 사유화가 타인의 권리를 침해하거나 손해를 동반해서는 안 된다고 보았기 때문이다. 즉 토지를 비롯한 천연물에 대해서는 누구도 배제되거나 권리가 축소되어서는 안 된다는 것이다. 충분단서에 대한 해석을 둘러싸고 다양한 논쟁이 전개되어왔고 실제로 로크는 결국 토지인 천연물도 사적 소유의 대상이라고 주장했지만,[4] 분명한 것은 토지를 비롯한 천연물에 대한 사적 소유의 논리도 '천연물 기본권 원칙'에서 도출한다는 점이다. 그러므로 로크에게서 천연물 기본권의 원칙은 부정되지 않는다.

다음으로 사유재산권을 적극적으로 옹호한 20세기 계약론자 노직을 통해서도 천연물 기본권의 원칙이 도출되는지 살펴보도록 하자. 노직 역시 로크보다는 완화되었지만 인공물과 천연물이 다르다는 것을 분명하게 인식하고 천연물을 독자적으로 취급한다.[5] 노직의 소유권 이론은 취득의 원리, 이전의 원리, 교정의 원리로 요약되는데, 이 세 가지 원리 중 가장 중요한 것은 취득의 원리다. 그의 주장에 따르면 최초의 취득이 잘못되었을 경우 '교정의 원리'를 통과하면 된다. 이 논리에 따르면 인공물이 아닌 천연물에 대한 최초 취득, 즉 사적 소유는 정당성을 획득할 수 있을까? 그는 로크의 충분단서를 엄격하게 적용하면 재산권 자체가 성립할 수 없다고 보고 그 단서를 수정한다. 그가 수정한 충분단서의 내용은 "타인의 상황이 악화되지 않을 것을 확실히 하기 위한 것"(Nozick, 1997, 222)인데, 그는 "한 사람의 (토지 – 필자) 사유화가 그 단서를 위반할 것이나, 그가 발생하는 손해에 대해 다른 사람들에게 보상함으로써 그 다른 사람들의 상황이 악화되지 않는다면 그는 사유화할 수 있다"고 주장했다. 그리고 "그가 이 다른 사람들에게 보상해주지 않는다면, 그의 사유화는 취득에서의 정의의 원리는 단서를 위반할 것이요, 비합법적인 것이 될 것"이라는 점도 덧붙였다(Nozick, 1997, 226). 이렇게 로크의 충분단서를 재해석한 까닭은 토지를 비롯한 천연물에 대한 권리가 평등하고 그것의 사적 소유는 필연적으로 다른 사람에게 영향을 준다는 것을 인식했기 때문이다.

앞서 말했듯이 천연물은 양을 늘릴 수 없다. 게다가 천연물의 대표인 토지의 가치는 위치가 결정한다. 한 사람이 좋은 위치를 차지하면 다른 사람은 그 기회를 잃어버린다. 특정한 개인이 자연자원을 소유하고 사용하면 자연자원의 양이 줄어든다. 다른 사람은 물론 후대의 권리도 줄어든다는 것이다. 생태환경을 오염시키면 다른 사람과 후대의 사람들에게도 해를 준다. 물론 노직은 다른 사람의 상황을 악화시키지 않는 가장 좋은 방법이 지금처럼 사유화하는 것이라고 주장한다. 그는 최초 취득을 논하면서 "생산수단을 가장 효과적으로(유익하게) 사용할 수 있는 사람의 손에 쥐어줌으로써, 사회 내의 생산물을 증대시킨다"(Nozick, 1997, 224)고 했는데, 이것은 천연물을 사유화해야 천연물이 가장 효율적으로 이용되고 그럼으로써 천연물 소유에서 배제된 사람들의 상황도 개선될 수 있다고 생각한 것으로 보인다.

그렇다면 노직에게서 천연물 기본권의 원칙은 도출 불가능한 것인가? 아니다. 자연스럽게 도출된다. 노직이 천연물의 사적 소유를 옹호한 것은 어디까지나 그것이 가장 효율적이라고 봤기 때문이다. 노직의 초점은 천연물 기본권의 원칙 자체에 대한 반대가 아니라 모두에게 평등한 권리가 있지만 특정한 개인이 지금과 같은 방식으로 사적으로 소유해야 거기에서 배제된 사람들도 과실을 더 많이 누릴 수 있다는 본 것이다. 만약 노직이 단정한 방법보다 더 생산적이고 효율적으로 이용할 방안이 있다면, 그리고 노직이 자신의 논리에 충실하다면 그것을 선택할 것이다. 요컨대 노직의 소유정의론에서 천연물 기본권의 원칙은 충분히 옹호된다.

다음으로 롤스의 정의론을 통해 천연물 기본권의 원칙이 도출되는지 검토해보자. 롤스의 분배정의론의 기본 구조는 평등한 자유의 원칙인 제1원칙이 제2원칙에 우선하고, 제2원칙에서 공정한 기회균등은 차등의 원칙에 우선하는 것이다. 그런데 제2원칙의 쟁점 사항은 도덕적으로 임의적인 요인, 즉 운에 속하는 영역인 개인의 사회적 우연성과 자연적 우연성을 어떻게 중립화하느냐에 있다. '개인의 능력'을 사적 자산으로 볼지, 아니면 공적 자산으로 볼지, 그 능력으로 인한 소득을 어떤 근거로 재분배할지가 검토 대상이다. 그러므로 천연물은 제2원칙의 대상이 될 수 없다. 천연물은 인간의 능력과 무관하게 존재한다. 그렇다면 천연물을 다룰 수 있는 곳은 제1원칙, 즉 평등한 자유의 원칙밖에 없다. 평등한 자유의 원칙은 모든 사람에게 "기본적인 권리와 의무의 할당에 있어서 평등을 요구"하기 위한 것인데(Rawls, 2003, 49), 천연물이 없으면 어떤 사람도 경제활동뿐만 아니라 생존할 수 없으므로 천연물에 대한 권리는 롤스에게 있어서 "기본적인 권리"일 수밖에 없다. 더구나 평등하게 보장해야 할 기본적인 권리 목록에 "사유재산을 소유할 권리"(Rawls, 2003, 106)도 포함되어 있는데, 사유재산은 결국 토지와 자연자원과 같은 천연물을 이용해야 가능하다는 것을 생각하면 사유재산을 소유할 권리를 평등하게 보장하려면 천연물에 대한 평등한 접근 권한은 당연히 전제되어야 한다. 이렇게 롤스에게 있어서 천연물 기본권의 원칙은 정의의 제1원칙인 평등한 자유의 원칙에서 자연스럽게 도출된다.

마지막으로 드워킨을 통해서 천연물 기본권의 원칙을 도출해보자. 드워킨은 정치 공동체인 국가의 가장 중요한 덕목으로 평등을 꼽았는데, 여기서 말하는 평등은 '배려의 평등'equal concern이다.

시민 모두를 평등하게 배려하지 않는 정부는 정당성이 없다는 것이 드워킨의 기본 생각이다(Dworkin, 2009, 52). 물론 그가 말하는 평등한 배려가 모든 사람에게 똑같은 물자를 나눠줘야 한다는 것은 아니고 추상적인 차원에서의 평등이다. 이런 까닭에 드워킨은 추상적 차원에서의 평등한 배려는 정치철학자들 모두가 동의할 것이라고 본다(Dworkin, 2009, 13).

이렇게 추상 수준이 높은 개념인 '평등한 배려'는 경제적 차원에서 어떤 '구체'로 옷을 입을 수 있을까? 드워킨은 '자원의 평등'(equality of resource)이 평등한 배려의 핵심이 되어야 한다고 주장한다. 그는 국가가 구좌파처럼 "소득과 재산의 재분배를 통해서 평등을 추구할 것이 아니라 소득과 재산을 획득하는 데 수단으로 활용할 수 있는 자원을 평등하게 분배함으로써 평등을 추구해야 한다"(김범수, 2022, 109)고 주장한다. 사후적으로ex post 평등을 추구할 것이 아니라 사전적ex ante으로 평등을 추구하자는 것이다. 그는 이것을 시장경쟁에 들어가는 사람들 모두를 외적external 자원을 고르게 분배하여 실질적으로 평등하게 하자는 말로 표현했다(Dworkin, 2009, 143; 164).

그렇다면 평등한 배려에서 나오는 자원의 평등 원칙에 천연물을 넣어보면 어떤 결론에 이를까? 방법적 측면에서는 좀 더 검토가 필요하겠지만, 천연물이야말로 평등하게 분배할 외적 자원이라는 결론에 자연스럽게 이르게 된다. 천연물을 소유한 사람은 그렇지 않은 사람에 비해 유리한 조건에서 시장에 들어서게 된다. 천연물 비소유자와 소유자는 동등하게 배려받고 있는 것이 아니다. 시장경쟁에서 천연물 소유자가 훨씬 유리하다는 것은 자명하다. 그러므로 드워킨의 평등한 배려, 나아가 자원의 평등을 통해서 우리는 천연물 기본권의 원칙이 동의 가능하다는 것을 알게 된다.[6]

이상의 논의에서 우리는 천연물 기본권의 원칙은 사적 소유권을 강하게 주장하는 정치철학이든, 균등한 기본재화 분배 혹은 자원의 평등을 추구하는 정치철학이든 동의 가능하다는 결론에 이른다.

그렇다면 천연물 기본권의 원칙은 어떻게 실현될 수 있을까? 이제 천연물 기본권의 원칙을 적용하는 구체적 방법을 검토해보자. 천연물 기본권의 원칙을 구현하는 방법은 세 가지가 있을 수 있다. 첫째는 계약 당사자들 전체가 천연물 자체를 공동으로 사용하는 것, 둘째는 천연물 자체를 평등하게 분배하는 것, 마지막은 천연물 사용에서의 가치를 환수 및 공유하는 것이다. 우리는 여기에서 선택될 방식이 세 번째라고 본다.

우선 공동사용방식은 계약 당사자들이 선택하지 않을 가능성이 매우 높다. 공동사용을 하게 되면 생산의 결과를 분배하기가 매우 까다롭고 복잡하기 때문이다. 계약 당사자들은 불가피하지 않으면 천연물을 개별 사용하려 할 것이다.

두 번째 방법은 균등분배방식이다. 즉 천연물의 가치를 기준으로 천연물 자체를 균등하게 분배하는 것이다. 그런데 이 방식에도 계약 당사자들이 꺼릴 수밖에 없는 두 가지가 있다. 무엇보다 이 방식은 인구 증가를 반영하기가 매우 어렵다. 인구 증가를 반영하기 위해 정기적으로 분배하는 것도 번거롭기도 하거니와 이렇게 하면 단독사용권의 안정성이 떨어질 수 있다. 또 다른 문제는 인구 변수를 고려하지 않는다고 하더라도 사회 변화를 반영하기가 매우 어렵다. 예를 들어 어떤 지역의 토지는 인구 증가로 인해 농지가 택지로 바뀌어 가치가 급등할 수 있고, 어떤 지역은 정반대로 인구가 줄어들어 토지가치가 떨어질 수 있는데, 이런 것을 고려하려면 너무나 복잡한 문제가 생긴다. 따라서 균등분배방식도 계약 당사자들이 선호하기는 어려울 것으로 보인다. 천연물의 하나인 자연자원을 균등하게 배분하는 것도 같은 난점이 존재한다.

이런 까닭에 우리는 계약 당사자들이 지대 환수 및 공유에 서명할 것으로 본다. 대표적으로 토지의 경우 원론적으로 보면 경쟁적 시장에서는 동일한 자본과 동일한 노동을 투입하면 같은 이익이 발생한다. 그런데도 차이가 난다면 그것은 토지의 지대 때문이다. 우등한 토지에 노동과 자본을 투입하는 것과 열등한 토지에 투입하는 것에서 발생하는 산출액의 차이는 결국 지대인 것이다. 그런데 지대를 환수하면 어떻게 될까? 그렇게 하면 어떤 토지를 사용해도 기술력이 같고 투입한 비용이 같다면 이익은 같게 된다. 이런 이유로 합리적인 계약 당사자들은 지대 환수 및 공유를 선택할 것이라고 본다.

그런데 천연물에는 배제의 문제만 일으키는 토지만 있는 것이 아니라 배제와 고갈의 문제가 동시에 발생하는 자연자원, 배제와 오염이 발생하는 환경이 있으므로 가치 공유 방법은 다음과 같이 구분할 수 있다. 첫째 토지의 경우 토지의 배타적 사용에서 발생하는 지대를 환수·공유한다. 자연자원의 경우 배타적 소유에서 발생하는 지대와 고갈의 문제를 해결하는 자원 대체 비용을 환수·공유한다. 마지막으로 환경에 대해서는 배타적 소유에서 발생하는 지대와 오염 피해 복구에 상응하는 비용을 환수·공유한다. 이것을 정리하면 다음과 같다.

토지와 자연자원과 환경의 환수 공유 내용

대상	사용 결과	형평 비교 대상	환수 내용
토지	배제	타인	지대
자연자원	배제 + 고갈	타인 + 후손	지대, 고갈 피해/자원 대체 비용
환경	배제 + 오염	타인 + 후손	지대, 오염 피해/환경 회복 비용

＊자료: 김윤상(2009, 288)

마지막으로 천연물 기본권은 분배 이전 단계라는 점을 강조한다. 다시 말해서 롤스와 드워킨이 말하는 '사전 분배'pre-distribution 와는 다르다는 것이다. 기존 분배정의론이 말하는 사전 분배는 경쟁 '준비 단계'의 분배를 말한다. 경쟁이 본격적으로 전개되기 전에 경쟁에 참여하는 사람의 능력과 경쟁에서 사용할 자본 규모가 비슷해야 한다는 것을 의미한다. 그러나 천연물 기본권은 시장경쟁과 무관하게 모든 사람에게 주어지는 생득적 권리다. 물론 천연물 기본권은 경쟁 준비 단계의 평등성 확보에 큰 도움이 된다. 천연물 기본권으로 누리는 소득이 재능을 능력으로 바꾸는 데 쓰이기도 하고 외적 경쟁 수단인 자본으로 활용할 수 있기 때문이다. 그러나 이것은 결과적으로 그렇게 된다는 것이지 경쟁 준비 단계의 평등한 조건을 위해 천연물 기본권이 필요하다는 것은 아니다. 다시 한번 강조하지만 천연물 기본권은 시장경쟁과 무관하게 모두가 누려야 하는 권리인 것이다.

　　그러므로 첫 번째 정의의 원칙을 요약하면 다음과 같다. 첫째, 천연물의 독특성과 중요성을 인식한 계약 당사자들은 천연물 기본권 원칙에 동의한다. 둘째는 적용 방식으로, 계약 당사자들은 공동사용방식과 균등배분방식이 아니라 지대 환수 및 공유 방식에 합의한다.

제2원칙 : 공정한 경쟁의 원칙

계약 당사자들이 합의할 두 번째 원칙은 '공정한 경쟁의 원칙'
이다. 개인의 자기 결정성을 중요하게 생각하는 계약 당사자들은
교환과 전문화를 특징으로 하는 '시장' 체계를 선택할 것인데, 시
장은 경쟁으로 운영되기 때문이다. 그런데 모두가 동의할 수 있는
경쟁이 되기 위해서는 공정해야 한다. 그랬을 때 경쟁의 결과를
사회 구성원 전체가 인정할 수 있으며 그 결과로 안정성과 역동성
의 조화도 가능하다.

그렇다면 경쟁에서 공정하다는 것은 무엇인가? 스티글리츠
(Stiglitz, 2013, 364)가 말했듯이 공정성의 내용은 자신의 이해관계
에 따라 달라지는데, 무엇을 공정하다고 정의할 것인가? 공정성
을 정의하려면 개인의 관점을 뛰어넘어 사회 전체의 관점이 필요
하다. 좀 더 구체적으로 말해서 개인의 노력이 사회 전체의 이익
과 일치되도록 공정성을 구성해야 한다. 이런 관점에서 보면 경쟁
의 '과정'만 공정하면, 즉 과정에서 반칙만 없으면 공정하다고 하
는 노직의 공정성 개념은 한계가 크다. 오늘날의 언어로 표현하면
'스펙'을 허위로 만드는 것만 없으면, 경쟁에 참여한 사람 모두가
시험을 통해서 겨루기만 하면 공정하다고 하는 것인데, 그것으론
한참 부족하다. 그것은 공정한 경쟁의 극히 일부분일 뿐이다. 가
장 중요한 것은 공정성이 경쟁의 전 과정에 포괄적으로 적용되어

야 한다는 점이다. 다시 말해서 노직이 말하는 경쟁 '과정' 단계뿐만 아니라 경쟁 '준비' 단계에도, 경쟁 '결과' 단계에도 적용되어야한다. 그리고 단계마다 적용되어야 할 보편타당한 원칙이 필요하다. 아래에서는 경쟁의 준비·과정·결과 단계별로 각각 살펴보도록 한다.

경쟁 준비 단계의 공정성: 평등성

경쟁 준비 단계에서의 공정성은 무엇이어야 하는가? 이 단계에서의 공정성은 경쟁 준비의 기회, 즉 사회 구성원 모두에게 잠재된 재능을 능력으로 전환할 기회, 나아가 경쟁 수단을 평등하게제공하는 것을 뜻한다. 달리기로 말하면 평소 훈련할 충분한 기회와 환경이 모두에게 고르게 제공되어야 하고, 출발선에 섰을 때운동화와 복장도 평등하게 제공되어야 한다는 것이다. 그러므로이 단계에서의 공정성은 바로 '평등성'이다. 이것을 아래에서 노직과 롤스와 드워킨을 통해 검토해보자.

먼저 경쟁 준비 단계의 평등성을 반대할 것으로 보이는 노직의 논리를 통해서 검토해보자. 결론부터 말하면 시장 메커니즘의관점에서 노직은 경쟁 준비 단계의 '평등성'을 받아들이게 된다. 왜냐하면 경쟁 '과정'이 공정하고 경쟁 '결과'에서 구조적으로 착취가 일어나지 않으려면 독점적 시장이 아니라 경쟁적 시장이 되어야 하기 때문이다. 다시 말해서 경쟁 과정 단계가 공정하려면 경쟁 준비 단계에서 평등성이 전제되어야 한다는 것이다. 경쟁 준비 단계에서의 불평등은 독점경쟁을 낳고 독점경쟁은 노직이 중시하는 자유로운 거래를 왜곡한다. 물론 경쟁 준비 단계의 평등성을 어떻게 보장할 것인가에 관해서는 또 다른 논의가 필요하지만, 적어도 노직의 논리를 통해서 경쟁 준비 단계의 평등성 자체를 반대하기는 어렵다.

다음으로 롤스의 경우를 살펴보자. 롤스의 경우에는 공정한 기회균등의 원칙으로 경쟁 준비 단계의 평등성을 도출할 수 있다. 유사한 동기를 갖거나 천부적 재능을 가진 사람은 대체로 성과와 업적에 대한 동등한 전망을 갖도록 하는 것이 롤스가 말한 공정한 기회균등의 내용인데, 이것은 경쟁 준비 단계의 평등성과 일맥상통한다. 또 복지국가 자본주의의 대안으로 제시한 재산소유민주주의property-owning democracy를 통해서도 경쟁 준비 단계의 평등성을 읽어낼 수 있다. 잘 알려지지 않았지만 롤스는《정의론》개정판 서문에서 자신의 정의론이 복지국가 자본주의를 옹호하는 것으로 오해되는 것을 불식시키고 싶다고 할 정도로 재산소유민주주의를 강조했다(Rawls, 2003, 20). 그는 단지 형식적 평등만을 보장하는 자유방임 자본주의도 거부했지만, "실물자산(생산적 자산과 자연자원)의 소유에서 매우 큰 불평등을 허용하며, 그래서 경제의 통제와 정치적 삶의 많은 부분이 소수의 손에 놓이게"(Rawls, 2016, 245) 되는 복지국가 자본주의도 자신의 정의론에 부합하지 않는다고 주장했다. 복지국가 자본주의는 부와 자본의 소유 편중과 타고난 재능의 원초적 분배에서 발생하는 실질적 불평등을 어쩔 수 없는 것으로 보고 사후적인 재분배에만 집중한다고 비판한다. 그것의 대안으로 그는 사전적으로 부와 자본을 고르게 분배하여 출발부터 사람들에게 평등한 상태를 유지한다는 의미에서 재산소유민주주의를 주창했는데, 이를 통해 우리는 롤스에게서도 경쟁 준비 단계의 평등성이 자연스럽게 동의 가능하다고 본다.

마지막으로 자원의 평등을 주창한 드워킨을 통해서도 경쟁 준비 단계의 평등성을 검토해보자. 드워킨은 경쟁의 출발 선상에서 모두에게 소득과 자본과 같은 외적external 자원을 평등하게 분배하고, 이후 경쟁 과정에서 당사자 본인이 선택한 결과에 따라서 발생한 불평등은 자신이 책임을 지고, 당사자가 선택할 수 없는 불운으로 발생한 불평등에 대해서는 사회적 보상을 제공하자고 주장했다.[7] 이렇게 경쟁 준비 단계에서의 평등성은 드워킨에게서 자연스럽게 확보된다.

한편 경쟁 준비 단계에서의 평등성은 두 가지로 나누어 생각해볼 수 있다. 하나는 내적internal 자원으로서 재능을 능력으로 전환하는 기회를 고르게 제공하는 것이고, 또 하나는 외적external 자원으로서 경쟁에서 사용할 소득과 재산을 균등하게 분배하는 것이다. 외적 자원은 비교적 의미가 분명한데, 재능을 능력으로 전환한다는 것은 구체적으로 무엇인가? 교육과 의료 기회에 대한 동등한 제공이다. 먼저 인간은 교육의 존재라는 점을 인식하는 것이 중요하다. 오직 교육을 통해서만 사회성과 능력을 키워나갈 수 있다. 능력을 발휘하기 위해서는 일정한 건강 상태를 유지해야 하는 것도 물론이다. 그러므로 경쟁 준비 단계에서 필요한 것은 교육과 의료의 기회를 경제 수준과 무관하게 제공하는 것이다. 왜냐면 국가가 교육과 의료의 기회를 고르고 충분하게 제공하지 않으면 교육과 의료 제공에 가장 영향을 주는 변수가 개인이 속한 가정의 경제력과 환경인데, 이것을 평등하게 만드는 것은 한계가 크기 때문이다. 여기에 하나 덧붙일 것은 '교육'은 단순히 초등교육과 고등교육뿐만 아니라 평생에 걸쳐서 제공되어야 한다는 점이다.

경쟁 과정 단계의 공정성: 비차별성

다음으로 경쟁 과정 단계의 공정성을 생각해보자. 경쟁 과정 단계에서의 공정성은 경쟁의 규칙에 관한 것이다. 그러면 경쟁 과정 단계의 공정성이 추구해야 할 핵심 가치는 무엇인가? 우리는 비차별성이라고 본다. 차별하지 않는 것은 특정 행위자에게 특권 혹은 독점권을 부여하지 않는 것을 의미한다. 남성이라고 해서, 좋은 대학을 나왔다고 해서, 어느 지역 출신이라서 더 많은 권리와 혜택을 부여하는 것은 불공정하듯이 진입장벽을 높게 하여 누군가에게 부여하는 독점권 역시 불공정한 것이다.

그렇다면 경쟁 과정 단계에서 비차별성이 필요한 이유는 무엇인가? 무엇보다 차별이 경쟁을 왜곡시키기 때문이다. 예를 들어 학벌에 대한 특권을 허용하면 높은 학벌 취득을 위한 사회 구성원들 간의 적대적 경쟁이 일반화된다. 그뿐 아니라 학벌 자체가 없는 자나 낮은 학벌의 소유자들은 차별을 극복하기 위해 학벌 경쟁에 뛰어드는 일이 일상적으로 발생한다. 그러나 학벌 경쟁은 소모적 경쟁이다. 학벌 경쟁은 사회 전체에 아무 유익이 없다. 전문직에 대한 지나친 보호도 마찬가지다. 전문직 특권을 그냥 두면, 다시 말해서 비전문직이 그만큼 차별받게 되면 전문직 진입을 위한 비생산적 경쟁 역시 일상화된다.

　두 번째는 부당한 불평등의 원인이 되기 때문이다. 차별이나 독점을 통해 발생하는 이익을 경제학에서는 지대라고 부른다. 전통적으로 지대란 토지의 사용가치를 의미했는데, 현대사회에서 지대는 폭넓게 쓰이고 있다. 예를 들어 일반적으로 대기업이나 중소기업 등의 이익집단이 국가에 경쟁 억제적인 보호 정책이나 보조금을 요구하는 것이 일반적인데, 이것이 바로 지대의 한 형태다. 특허나 지적재산권에 대한 지나친 보호 역시 지대를 낳는다.[8] 그런데 문제는 여기서 발생하는 지대 소득은 결국 지대 추구에서 배제된 나머지 사람들로부터 이전된 소득이라는 점이다. 이 지대 발생으로 인해 경쟁 과정이 어떻게 왜곡되는지를 잘 설명한 대표적인 학자가 스티글리츠인데, 그가 주목한 것 역시 지대의 성격이다. 그는 지대가 노동자들이 받는 임금과는 근본적으로 다르다는 점을 강조한다. "임금은 노동자들이 제공한 노력에 대한 보상"이지만, 지대는 "독점권을 가지고 있다는 사실 때문에 얻는 소득"이라는 것이다(Stiglitz, 2013, 130; 206). 이런 관점에서 스티글리츠는 지대를 토지의 지대, 시장 지배력에 의한 지대, 지적재산권에 의한 지대, 공공 영역에서 발생하는 지대로 구분하고 이 지대가 증가함에 따라 토지의 가격, 지적재산권의 가격 등이 투기적으로 증가했으며, 이것이 불평등의 주된 원인이라고 주장한다(Stiglitz, 2017). 경쟁 과정 단계에서 지대를 허용하는 규칙은 사회가 수용할 수 있는 정당한 불평등이 아니라 부당한 불평등을 낳게 되는 결론에 도달한다. 그런데 만약 지대가 차단되면, 가령 독점시장이 아니라 국가가 경쟁시장이 정상적으로 작동하도록 보장하면 평균수익률을 넘어서는 초과수익은 계속 유지될 수 없고 이로 인한 부당한 불평등 또한 제거된다.

세 번째는 사회적 손실을 초래하기 때문이다. 차별과 독점이 사라진 시장의 특징은 개인이 받는 보상과 개인의 사회에 대한 기여가 일치한다는 것인데, 따지고 보면 근대 경제학의 아버지인 애덤 스미스가 말한 시장 우수성의 근거도 이것이었다. 그런데 지대를 발생시키는 차별 및 독점은 대부분 빼앗긴 소득이 빼앗은 소득과 일치하는 것이 아니라 빼앗긴 사람의 소득이 더 크게 줄어든다. 즉 어느 한 사람이 얻은 것이 다른 사람들이 잃은 것과 똑같은 제로섬게임zero-sum game이 아니라 잃은 것이 얻은 것보다 더 큰 네

거티브섬게임negative-sum game이라는 것이다. 이런 까닭에 경쟁 과정 단계에서의 공정성은 지대를 차단하는 비차별성을 목표로 삼아야 한다는 것이다.

그렇다면 경쟁 규칙의 하나로 광범위하게 채택되고 있는 '시험'을 비차별성의 관점에서 평가해보자. 물론 시험 자체가 누군가를 차별하는 것은 아니다. 시험 응시의 기회가 누구에게나 열려 있기 때문이다. 그러나 운전면허 시험에 100점을 맞았다고 해서 운전을 잘하는 것이 아니라는 점, 변호사시험에서 1등을 했다고 변호사 업무를 잘하는 것이 아니라는 점도 현실이다. 시험을 잘 치르는 능력과 운전을 잘하는 능력 혹은 법률가의 능력은 다르기 때문이다. 다시 말해서 시험성적이 능력 평가의 유일한 수단은 아니라는 것이다. 시험을 경쟁의 절대적 기준으로 삼는 것의 본질적 문제는, 능력은 구체적인 행위 혹은 활동을 의미하는데 시험은 구체적 활동이 아니라는 것이다. 능력과 시험에 동원되는 지식이 동의어가 아니기 때문이다. 이런 까닭에 시험을 유일한 경쟁 규칙으로 삼는 것은 공정하지 않고 결과적으로 차별이 된다. 그러므로 시험뿐만 아니라 과거의 실적을 통해서도 능력을 평가해야 하고, 시험을 통해 성취되는 학력과 학벌이 없어도 취업이나 승진의 기회를 넓혀야 한다(김동춘, 2022, 278). 요컨대 시험을 통해서만 경쟁하는 것은 시험 능력은 낮지만 직무 능력을 갖춘 사람을 차별할 수 있다는 것이다.

경쟁 결과 단계: 힘의 대칭성

세 번째로 경쟁 결과 단계에서의 공정성을 생각해보자. 경쟁 결과가 공정하다는 것은 시장참여자의 소득 결정이 실적 혹은 기여에 따라 결정된다는 것을 뜻한다. 그러면 시장참여자의 실적과 기여를 어떻게 측정할 수 있을까? 작게는 직급에 따른 임금도 실적과 기여에 따라 결정해야 하고 노동자와 자본가의 몫을 나누는 것에도 실적과 기여의 원리를 적용해야 한다. 그런데 여기서 난점은 시장참여자의 실적과 기여를 정확하게 파악하기가 쉽지 않다는 것이다. 일반 노동자의 수백 배의 급여를 받는 슈퍼 경영자의 실적과 기여의 정도가 정말 일반 노동자의 수백 배일까? 그것을 어떻게 알 수 있나? 노동 전체의 몫과 자본 전체의 몫을 어떻게 나누는 것이 공정할까? 원청 대기업과 하청 중소기업의 실적과 기여는 어떻게 평가할 수 있을까? 경쟁의 결과에 영향을 미치는 핵심 변수는 '협상력'이다. 슈퍼 경영자의 높은 협상력, 즉 자신의 위치가 소득 결정에 결정적이라는 것, 그래서 급여가 일반 노동자의 수백 배가 된다는 것은 잘 알려져 있다. 비슷한 일을 하는 정규직과 비정규직의 임금이 차이가 나는 까닭, 즉 동일노동-동일임금이라는 원칙이 적용되지 않는 이유도 비정규직보다 정규직의 협상력이 세기 때문이다. 대기업이 하청 중소기업을 쥐어짤 수 있는 까닭도 대기업의 협상력이 세기 때문이다. 이런 까닭에 경쟁 결과 단계에서의 공정성의 핵심은 '힘의 대칭성'이 되어야 한다.

슈퍼 경영자와 일반 노동자의 힘을, 정규직과 비정규직의 힘을, 노동과 자본의 힘을, 대기업과 중소기업의 힘을 대등하게 만드는 것이 경쟁 결과 단계에서의 공정성이 추구해야 할 방향이라는 것이다.

그렇다면 힘의 대칭성을 어떻게 확보할 수 있을까? 여기서는 노동과 자본의 관계에서, 그리고 노동(정규직과 비정규직) 내부에서의 방안에 집중해보자. 가장 좋은 방안은 피케티(Piketty, 2020)가 제시한 방안으로 비정규직을 포함한 회사의 노동자가 이사의 절반 이상을 선출하는 것이다. 이렇게 하면 정규직과 비정규직의 힘의 비대칭성, 노동과 자본의 힘의 비대칭성, 슈퍼 경영자와 일반 노동자의 힘의 비대칭성이 바로잡힌다.

그렇다면 회사의 가장 일반적인 형태인 주식회사에서 주주가 아니라 노동자가 이사를 선출할 근거는 어디에 있을까? 단순히 힘의 비대칭성을 해소할 '필요' 때문에 도입해야 한다는 것인가? 모두가 알고 있듯이 '필요'는 정당한 근거가 되기에는 부족하다. 다른 '필요'에 의해 언제든 배척될 수 있기 때문이다. 그러므로 현재 주주에게 부여된 이사와 대표 선출권을 노동자에게 이전시켜야 한다는 타당한 근거를 제시할 필요가 있다.

그 근거를 어디서 찾을 수 있을까? 그 근거는 역설적이게도 주식회사의 주인이 주주가 아니라는 것에서 찾을 수 있다. 개인 회사에서는 자본을 출자한 개인이 경영권을 갖는 것이 당연하다. 자본 출자자가 회사의 주인이기 때문이다. 그러나 주식회사는 법인이다. 법인이기 때문에 주인이 있을 수 없고 대표만 있을 수 있다. 좀바르트Werner Sombart가 말했듯이 "누구도 그 기업이 이 사람 또는 이 사람들에게 속한다고 말할 수 없다는 사실이야말로 주식회사의 본질에 속한 것이다"(김상봉, 2012, 146). 우리는 주주가 주식회사의 소유자가 아닌 이유를 주주가 기업에 대해 무한 책임을 지지 않는다는 것에서도 찾을 수 있다. 주주는 주식회사에서 유한책임을 지고 있는데, 유한책임원칙이란 "주식회사에 투자를 하면서 회사 경영에 대해 아무런 책임도 지지 않을 수 있다는 것"(김상봉, 2012, 160)을 뜻한다. 요컨대 주주가 주식회사의 주인이 아니라는 것이다. 그러나 그렇다고 해서 노동자의 이사 선출권이 자동으로 옹호되는 것은 아니다. 그렇다면 왜 노동자가 이사 선출권을 가져야 하는가? 그것은 김상봉(2012, 307)이 철저하게 규명했듯이 노동자야말로 활동하는 주체이기 때문이다. 주체는 언제나 활동하는 주체인데, 주식회사에서 활동의 주체는 노동자라는 것이다. 오직 노동자만이 주식회사의 적극적이고 능동적인 주체이므로 노동자가 이사와 대표를 선출할 권한을 갖는 것이 정당하다는 것이다. 물론 주주들은 배당이익과 매매차익을 누리면 된다.

한편 노동자에게 이사를 선출할 권한을 부여하고 주주들에게는 배당이익과 시세차익을 누리는 권리를 부여하는 것이 마땅하다는 것은 주식이 채권의 일종이라는 것에서도 도출할 수 있다.

모든 채권이 그러하듯 채권자는 소유권을 주식회사에 이전한 대가로 배당을 받거나 처분해서 시세차익을 누린다. 채권자는 소유권자가 아니다. 그러므로 채권자가 인사권, 즉 이사 선출권을 갖는 것은 정당하지 않다(김종철, 2016). 마찬가지로 비정규직을 포함한 노동자가 이사의 최소 절반 이상을 선출하는 것은 정당하다고 하겠다.

이 외에도 소득이 결정되는 단계에서 가장 중요한 것은 힘의 대칭성이기 때문에 국가는 중소기업과 대기업, 노동자와 자본가, 정규직과 비정규직, 임대인과 임차인 간의 힘의 대칭성을 확보하는 제도적 장치를 마련해야 한다. 힘의 대칭성은 기여에 따른 소득 결정의 가장 중요한 전제 조건이다.

두 번째 원칙인 '공정한 경쟁'을 요약하면 다음과 같다. 경쟁 준비 단계의 공정성은 평등성을 뜻하고, 경쟁 과정 단계의 공정성은 비차별성을 의미하며, 경쟁 결과 단계의 공정성은 힘의 대칭성을 뜻한다. 이렇게 경쟁의 준비 단계와 과정 단계와 결과 단계의 공정성이 작동하는 상태에서의 1차 분배는 정의로운 것이다.

제3원칙: 노력소득 보장의 원칙

그렇다면 제2원칙의 공정한 경쟁의 원칙에 의해 결정된 소득은 그대로 존중되어야 할까? 그건 아니다. 1차 분배 결과에 대한 2차 분배, 즉 재분배는 필요하며 그것을 규정하는 원칙을 독자적으로 가지고 있어야 한다. 그래서 우리는 제3의 원칙, 즉 재분배의 원칙으로 노력소득 보장의 원칙을 제시한다. 다시 말해서 시장에서 결정된 1차 분배의 결과에 대한 재분배는 노력소득을 보장하자는 원칙이 적용되어야 한다는 것이다.

물론 경쟁의 결과를 분배하는 단계에서 노력소득을 보장해야 한다고, 다시 말해서 경쟁의 결과를 결정하는 1차 분배와 노력소득을 보장하는 재분배(2차 분배) 단계가 중첩된다는 문제를 제기할 수 있다. 그러나 소득 전체의 최종 분배에서 공정한 경쟁을 통한 1차 분배와 2차 분배는 구분할 필요가 있다. 시장을 통해서, 즉 국가가 간접적인 경쟁의 규칙을 통해서 소득이 결정되는 분배의 원칙과 국가가 직접적으로 개입하는 재분배의 원칙은 다르기 때문이다. 그리고 재분배 원칙이 독자적으로 필요한 또 다른 이유는 소득 중에는 시장경쟁을 통해서 결정되지 않은 소득도 있기 때문이다. 그러므로 우리는 소득의 성격을 구분하고 재분배의 원칙을 제시할 필요가 있다.

한편 소득의 성격을 구분하는 것에는 김윤상의 소득의 원인과 결과 분석이 유용하다(김윤상, 2017, 24-24). 그는 소득의 원인을 노력과 운과 특권, 이렇게 셋으로 구분했다. 이 중에서 운에는 개인의 순수한 노력과 결합하는 것도 있고 그렇지 않은 것도 있다. 타고난 재능 혹은 집안의 경제력과 분위기와 같은 운은 개인의 순수한 노력과 결합하여 '능력'이 되고, 증여와 상속과 같이 개인의 노력과 무관한 운도 있다는 것이다. 그리고 타인을 배제하고 손해를 끼치는 것이 바로 특권이다. 그러므로 우리는 김윤상의 구분에 따라 소득의 원인을 최종적으로 능력, 운, 특권으로 구분할 수 있고 능력에 의해 발생한 소득을 노력소득으로, 운과 특권을 통해 발생한 소득을 불로소득이라고 부르려고 한다. 그러면 이렇게 각각 발생한 소득에 어떤 원칙을 제시할 수 있을까?

우선 특권은 이미 제1원칙과 2원칙에서 처리된다. 특권이 낳는 이익의 대표는 천연물 불로소득인데, 이것은 천연물 기본권의 원칙에 의해 완전히 처리된다. 인위적으로 만든 특권 및 차별은 공정한 경쟁의 원칙의 두 번째인 경쟁 과정 단계에서 제거된다. 물론 사회적 필요에 따른 경쟁 제한이나 일부에게 부여하는 특권은 그것에서 발생하는 이익을 환수해야 한다.

그러면 남는 것은 개인의 노력과 무관하게 발생하는 상속과 증여와 같은 운에 의한 불로소득과 타고난 운에 개인의 노력이 가미되어 형성된 능력에 의한 노력소득이 있는데, 이것을 각각 어떻게 처리할지 검토해보자. 우선 대표적으로 상속과 증여에 의한 불로소득은 양면성이 있다는 점을 인식할 필요가 있다. 피상속자와 증여자의 입장에서, 정당하게 모은 재산이라면 처분권을 존중해야 한다. 그러나 상속자나 수증자의 입장에서는 노력과 무관하게 발생한 불로소득이다. 게다가 상속과 증여는 경쟁 준비 단계에서의 평등성을 해치고 경쟁 과정 단계에서 독점적 경쟁의 원인이 되기도 한다(김윤상, 2017, 55). 그러므로 계약 당사자들은 능력과 무관하게 발생하는 불로소득을 누진적으로 환수하고 환수한 소득은 경쟁 준비 단계에서 평등성 확보에 투입하는 것에 동의할 것이라고 본다.

그러면 어떻게 사용하는 것이 좋을까? 우리는 상속과 증여는 운luck에 의한 소득이므로 운을 중립화한다는 취지에서 피케티가 제안했듯이 일정한 나이의 청년에게 목돈을 지급하는 '기본자산제'를 제안한다(Piketty, 2020, 1038; 1041). 물론 기본자산제는 경쟁의 출발 단계에서 모두에게 비슷한 노동능력과 자본이 있어야 한다는 롤스의 재산소유민주주의에 부합한다는 점도 언급해둔다.

그러면 계약 당사자들은 운과 개인의 노력이 결합하여 낳는 노력소득을 어떤 방식으로 처리하는 것에 동의할까? 개인의 자기 결정성을 중시하는 계약 당사자들은 노력소득에 대한 사적 소유를 존중하는 것에 동의할 것이다. 그러나 그렇다 하더라도 환수 및 공유의 여지가 남아 있는데, 이것은 능력에 의한 노력소득의 사적 소유를 가장 강하게 주장할 것으로 보이는 노직의 논리로 살펴볼 필요가 있다.

노직의 소유권 이론에서 가장 중요한 취득의 원칙인데 이것이 제대로 적용되려면 '완전경쟁'이어야 하고, 그것이 가능하려면 경쟁자가 모두 비슷한 노동능력과 자본을 가져야 한다. 그래야 경쟁에 참여하는 누구도 경쟁의 과정과 결과에 영향을 미치지 못한다. 그러나 이러한 상태의 경쟁은 현실에서 불가능하며 대부분의 경쟁 참여자가 경쟁의 과정이나 결과에 영향을 미친다. 현실에 존재하는 경쟁이 이렇게 불완전 경쟁이므로 이 경쟁을 통해서 취득한 노력소득은 불가피하게 교정의 원리, 즉 누진적 환수를 할 수밖에 없다. 더 나아가 설사 완전경쟁의 조건에서 출발했더라도 취득의 원칙은 다음 단계의 경쟁에서 훼손될 수밖에 없다. 왜냐하면 경쟁이 반복적으로 이루어지기 때문이다.[9] 결과적으로 경쟁 준비 단계의 평등성을 확보하기 위해 노력소득에도 누진적 환수가 필요하다는 것이다.

그러나 여기에서 우리는 계약 당사자들이 재분배 원칙 적용을 분배정의론 전체의 관점에서 종합적으로 고려해 판단한다는 점을 강조하고자 한다. 천연물 기본권의 원칙이 구현되면 경쟁 준비 단계의 평등성은 상당히 확보된다. 게다가 경쟁 과정 단계에서 비차별성이 구현되고 운에 의한 불로소득도 누진적으로 환수되어 기본자산제가 실현되면 '경쟁'시장의 가능성은 더 높이 올라간다. 반대로 말하면 경쟁 준비 단계의 평등성을 위한 능력에 의한 노력소득을 누진적으로 환수할 필요성이 낮아진다는 것이다.

세 원칙 간의 연관성과 새로운 분배정의론의 유용성

앞에서 우리는 세 가지 원칙으로 구성된 새로운 분배정의론을 제시했다. 첫 번째 원칙은 천연물 기본권의 원칙이고, 두 번째 원칙은 공정한 경쟁의 원칙이며, 세 번째 원칙은 노력소득 보장의 원칙이다. 여기서 첫 번째 천연물 기본권의 원칙은 경쟁 '이전' 단계의 원칙이다. 시장의 경쟁과 무관한 원칙이라는 것이다. 두 번째 공정한 경쟁의 원칙은 시장경쟁 전체를 통괄하는 원칙이다. 공정한 경쟁은 경쟁 준비 단계에서 평등해야 하고, 다음으로 경쟁 과정 단계에서 지대 추구가 불가능한 경쟁 규칙이어야 한다. 다시 말해서 누구도 차별해서는 안 되며, 경쟁 결과 단계에서는 노력과 기여에 따라 소득이 결정되도록 시장참여자들 간의 힘이 대칭적이어야 하는데, 이런 과정을 거쳐 결정되는 것을 '1차 분배'라고 부른다. 이러한 공정한 경쟁의 원칙이 담보되면 시장의 역동성은 물론 안정성도 올라간다. 세 번째 노력소득 보장의 원칙은 경쟁 이후의 원칙으로, 경쟁의 결과로 주어진 소득과 경쟁과 무관하게 주어진 소득, 그러니까 모든 소득에 대한 재분배 원칙이다. 원칙의 내용은 개인의 타고난 재능과 가족의 경제적 상황 등을 의미하는 '운'과 '개인의 순수한 노력'이 결합하여 형성된 '능력'에 의한 노력소득에 대해서는 사적 소유를 존중해야 한다는 것과, 개인의 노력과 무관한 운에 의해 발생한 불로소득은 운의 중립화를 위해 누진적 환수를 통해서 경쟁 준비 단계의 평등성을 확보하는 데 쓰여야 한다는 것으로 정리할 수 있다.

새로운 분배정의론의 특징 중 하나가 세 원칙 간의 연관성이다. 첫 번째 원칙인 천연물 기본권의 원칙은 공정한 경쟁의 원칙과 노력소득 보장의 원칙에 상당한 영향을 미친다. 분배 이전 단계에서 모두가 똑같이 천연물에 대한 기본권을 누리게 되면 경쟁 단계에서 평등한 출발의 가능성이 크게 올라간다.[10] 즉 천연물로 인해 발생하는 불평등이 해소될 뿐만 아니라 모든 경쟁 참여자들에게 실질적 기회가 주어진다는 것이다. 또 천연물 기본권의 원칙은 제3의 원칙인 노력소득 보장 원칙의 실현 가능성도 높여준다. 왜냐하면 공정한 경쟁에서 평등한 출발의 가능성을 높여주기 때문이다. 경쟁 준비 단계에서 평등한 출발의 가능성이 올라가면 노력소득에 대한 누진적 환수의 필요성은 줄어든다. 또 두 번째 원칙인 공정한 경쟁의 원칙을 구현하면 제3의 원칙인 노력소득 보장의 원칙의 가능성을 높여준다는 점도 인식할 필요가 있다. 경쟁 준비 단계에서 모두가 평등하게 출발할 수 있도록 하고, 경쟁 과정 단계에서 특권이 배제되며, 경쟁 결과 단계에서 힘의 대칭성을 통해 소득이 최종적으로 결정되면 '능력'에 의해 발생한 노력소득 보장의 가능성은 더 올라간다는 것이다.

경제 불평등 해소는 우리 시대의 가장 시급하고 중요한 과제다. 그리고 불평등 해소는 환경생태 위기를 극복할 수 있는 장치도 내장하고 있어야 한다. 이런 과제에 응답하기 위해서는 무엇보다 광범위한 동의를 받을 수 있는 분배정의론 정립이 필수적이다. 왜냐하면 분배정의론이 불평등한 현실의 전모를 파악할 수 있는 시각과 해법의 방향성과 정당성을 제공하기 때문이다.

이런 문제의식으로 우리는 새로운 분배정의론을 제시했는데, 이것을 요약하면 다음과 같다.

새로운 분배정의론의 내용과 효과

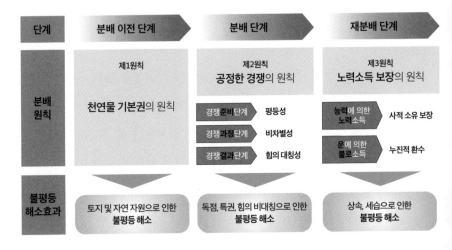

이와 같은 새로운 분배정의론의 유용성 내지 잠재력은 다음과 같다.

첫째, 새로운 분배정의론은 현재의 경제 불평등의 전모를 파악하는 데 큰 도움을 준다. 새로운 분배정의론은 분배 이전 단계부터 시작해서 분배 단계, 재분배 단계에 동의 가능한 보편적 원칙과 기준을 제공하기 때문에 현재 불평등의 원인을 체계적이고 입체적으로 파악할 수 있게 된다.

둘째, 새로운 분배정의론은 해법에 관한 선명한 방향성을 제공한다. 다시 말해서 기존 분배정의론이 지닌 모호성의 한계를 극복할 수 있다는 것이다.

셋째, 새로운 분배정의론은 이론의 보편성도 확보하고 있다. 여기서 제시한 새로운 분배정의론은 롤스의 무지의 베일과 같은 '독특한' 장치도, 모든 자산과 지식을 인류가 함께 이룬 성취로 봐야 한다는 피케티의 '과도한' 전제(Piketty, 2020, 1044)도 불필요하다. 뿐만 아니라 롤스의 대척점에 있는 노직의 논리로도 세 가지 원칙의 도출이 가능하다.

넷째, 새로운 분배정의론은 경제 불평등 해소에 실질적 도움을 준다. 첫 번째 천연물 기본권의 원칙은 토지와 자연자원 사유화가 초래한 불평등의 원천을 제거할 수 있는 근거를 제공한다. 즉 이 책의 주제인 토지배당제의 정당성도 여기서 찾을 수 있다. 두 번째 공정한 경쟁의 원칙이 미치는 긍정적 효과도 광범위하고 상당하다. 먼저 경쟁 준비 단계에서 교육과 의료를 평등하게 제공하고 출발 선상에서 고른 자본 분배, 경쟁 과정 단계에서 독점과 특권 차단, 그리고 경쟁 결과 단계에서 각 경제주체 간 힘의 대칭성 확보는 시장경쟁에서 일어나는 모든 부당한 불평등의 요인들을 제거할 수 있도록 도와준다. 즉 중소기업에 대한 대기업의 착취, 대기업 노동과 중소기업 노동의 부당한 임금 불평등, 정규직과 비정규직 간의 불합리한 차별, 자본에 대한 노동의 열위가 낳은 불평등이 시정된다. 그리고 세 번째 노력소득 보장의 원칙은 오늘날 '운'에 의한 불로소득이라고 할 수 있는 '세습'이 초래한 불평등을 해소할 수 있는 철학적 근거를 제공한다. 이렇듯 새로운 분배정의론은 현재 부당한 불평등을 낳는 모든 원인을 제거하는 역할을 한다는 것이다.

마지막으로 새로운 분배정의론으로 제시한 세 원칙이 한 몸을 이루고 있다는 점을 강조하고자 한다. 다시 말해서 새로운 분배정의론의 첫 번째 원칙이 공정한 경쟁에 큰 도움이 되고, 노력소득 보장의 원칙 역시 공정한 경쟁 확립에 도움이 된다. 좀 더 자세히 말해서 천연물 기본권의 원칙은 기업 불평등의 열위에 있는 중소기업과 신규기업에게, 임금 불평등에서 '을'에 위치에 있는 비정규직과 중소기업 노동자에게, 자본보다 지위가 낮은 노동에게 유리한 환경을 조성해준다. 그리고 제3원칙인 노력소득 보장의 원칙 또한 경쟁 준비 단계의 평등성 강화에 도움이 되어 결과적으로 역동성과 안정성이 조화를 이루는 사회에 큰 도움이 된다.

경제 불평등이 해소되고 생태환경의 위기가 극복된 새로운 사회는 새로운 분배정의론을 요구한다. 그러므로 새로운 분배정의론은 모두가 받아들일 수 있는 보편타당한 원칙을 담고 있으면서 작금의 불평등과 환경파괴를 일으키는 모든 원인을 입체적이고 종합적으로 포착할 수 있도록 도와주고 해법의 선명한 방향까지 담고 있어야 한다. 이런 관점에서 우리는 여기서 제시하는 새로운 분배정의론의 의의를 찾을 수 있다고 하겠다.

머리말

1. 프레드 해리슨, 전강수·남기업 역, 2009,《부동산 권력: 투기와 거품 붕괴의 경제학》, 범우사, pp. 233-236; Harrison, Fred, 1991, "Post-socialism and the Single Tax: a holistic philosophy", In Richard Noyes ed., *Now the Synthesis*, Shepherd-Walwyn, 1991, pp. 82-33.

2. 이와 관련된 자세한 내용은 다음을 참고하세요. 이정전, 2009, "부동산 시장 만능주의를 넘어", 이정전·김윤상·이정우 외,《위기의 부동산》, 후마니타스, pp. 11-36.

3. Ranalli, Brent, 2021, *Common Wealth Dividends: History and Theory*, Palgrave macmillan, p. 26.

4. 톨스토이의 대표 소설인《부활》에서 헨리 조지를 소개한 부분은 다음과 같습니다. 레프 톨스토이, 정성호 역, 1997,《부활》, 도서출판 오늘, pp. 301-302.

　　그래서 그(네홀류도프 - 인용자)는 헨리 조지의 단일세 안을 설명하기 시작했다. "토지는 누구의 것도 아니고 하나님의 것이오." 네홀류도프가 말했다.

　　"그야 그렇죠. 확실히 그렇죠." 몇 사람의 목소리가 대답했다.

　　"토지라는 것은 모든 사람의 공유물이오. 누구나 토지에 대해 평등한 권리가 있소. 그러나 토지의 질은 똑같지 않아 좋은 것도 있고 나쁜 것도 있소. 그리고 누구든지 좋은 토지를 갖고 싶어 하지. 어떻게 해야 공평한 것이 되겠소? 그것은 이렇게 하면 어떻겠소? 즉 좋은 땅을 갖는 사람이 그 땅에 해당되는 만큼 토지를 갖지 못한 사람에게 지대를 주는 것이오." 네홀류도프는 스스로 묻고 대답했다.

　　"그러나 누가 누구에게 지불할 것인가를 정하는 것은 매우 힘든 일이고, 또 공공의 필요를 위해 돈을 모아야 하기 때문에 토지를 가지고 있는 사람이 그 지대를 여러 가지 공공의 필요에 충당하기 위해 조합에 지불하게 되는 것이오. 그렇게 하면 모두가 평등하게 되지요. 토지를 갖고 싶은 사람은 좋은 토지라면 비싼 지대를, 나쁜 토지라면 싼 지대를 지불하면 그만이지. 갖고 싶지 않다면 한 푼도 내지 않아도 좋소. 그리고 공공의 필요에 대한 경비는 그 사람 대신 토지를 가진 사람이 지불하게 되는 것이오."

"좋은 말씀입니다." 난로를 놓는 직공이 눈썹을 찡긋거리면서 말했다.

"좋은 토지를 가진 사람이 더 내면 된다 이거지. 대단한 사람인데, 그 조지라는 사람." 수염이 곱슬거리는 대표 같은 노인이 말했다.

5. 헨리 조지, 전강수 역, 2013, 《사회문제의 경제학》, 돌베개, p. 11, 265.

6. 〈신동아〉, 2012.12.26, "미국 독립 이끈 작지만 힘찬 외침."

7. 2017년 경선 당시 이재명 후보의 국토보유세 공약은 대구가톨릭대 전강수 교수의 주도하에 남기업 소장과 강남훈 교수가 참여해 만들었습니다.

8. 대표적으로 두 개의 연구를 소개하면 다음과 같습니다. 남기업·전강수·강남훈·이진수, 2017, "부동산과 불평등 그리고 국토보유세", 〈사회경제평론〉 제54호, pp. 107-140; 전강수·강남훈, 2017, "기본소득과 국토보유세", 〈역사비평〉 제120호, pp. 250-281.

9. 이 책의 집필자들과 한신대 강남훈 교수가 당시 공약의 설계자들이었습니다. 그리고 당시 대통령선거 초기에는 공약 명칭이 '기본소득형 국토보유세'였고 나중에는 '배당'을 강조한다는 취지에서 '토지이익배당제'로 변경되었습니다.

| 1장 |

'시대에 뒤떨어진' 땅 이야기?

1. 박정호, 2020.11.18, "17세기 선비의 외침 '나라가 왜 이 모양인가'", 〈중앙일보〉.

2. J. M. 케인즈, 조순 역, 1997, 《고용, 이자 및 화폐의 일반이론》, 비봉출판사, p. 242.

3. 토마 피케티, 장경덕 외 역, 2014, 《21세기 자본》, 글항아리, p. 13.

4. 아래 전개되는 부분은 다음에 크게 의존했음을 밝혀둡니다. 김윤상·남기업, 2012, "토지는 왜 중요한가?", 김윤상·조성찬·남기업 외, 《토지정의, 대한민국을 살린다: 한국 사회의 핵심 모순, 토지문제의 해법》, 평사리, pp. 21-42.

5. 이동통신용 주파수 대역도 사람이 만들지 않은 '천연물'의 하나입니다.

2장

비싼 땅값, 불평등한 분배

1. 이진수, 2018, "주요 국가별 토지가격 장기 추이 비교", 김윤상 외,《헨리 조지와 지대개혁》, 경북대학교출판부, p. 165.
2. 2022년 국민대차대조표(잠정) 기준.
3. 2022년 우리나라 연간 GDP는 2150.6조 원입니다.
4. 민유지만 놓고 봤을 때 가액 기준으로 가계 및 비영리단체는 79%의 토지를, 기업은 21%의 토지를 소유하고 있습니다. 대략 8:2의 비율입니다.
5. 국토교통부, 2021, "만 분위별, 소유 구분별 토지 소유 현황", 미공개 자료.
6. 2021년 기준, 국토교통부의 토지 소유 현황 자료에 국민대차대조표의 시가 자료를 기준으로 한 현실화율 58%를 적용할 경우입니다.
7. 2020년 기준. 시가는 국토교통부의 토지 소유 현황 자료에 국민대차대조표의 시가 자료를 기준으로 한 현실화율 58%를 적용한 수치입니다.

3장

부동산 투기, 뭐가 나쁘지?

1. 〈국민일보〉, 2021.1.1, "부동산이 왜? 불로소득 아냐, 국민들 생각 달라졌다."
2. 그중에는 유서를 쓰고 일가족이 자살한 사건도 있었습니다.

   "아버지 때부터 시작되어 오고 있는 가난이 나에게 물려졌고 기적이 없는 한 자식들에게도 물려지게 될 것이다. 빈익빈, 부익부의 악순환이 끝날 조짐은 없다. 폭등하는 부동산 가격에 내 집 마련의 꿈은 고사하고 매년 오르는 집세도 충당할 수 없는 서민의 비애를 자식들에게는 느끼게 하고 싶지 않다.…집을 비워달라는 얘기를 들은 후부터 하루도 마음 편할 날이 없었다.…하나님 아버지! 이 죄 많은 인간 처자식을 동반하여 생을 끝맺으려 합니다. 제 부모님을 불쌍히 여겨주시옵소서. 정치하는 자들, 특히 경제 담당자들이 탁상공론으로 실시하는 정책에 가난한 사람들의 목이 더 이상 조이지 않게 하소서"(〈경향신문〉, 1990.4.11).

3. 〈문화일보〉, 2007.5.9, "'2000억 금싸라기 땅' 놀고 있는 사연, 여의도 중심가 5008평 30년째 방치"; 2023년 5월까지도 방치 상태인 것을 항공사진으로 확인함.

4. 〈아파트관리신문〉, 2021.7.7, "관리소장 살해 입대의 회장 '징역 17년→20년' 형량 가중."

5. 아파트 입주자대표회에서 일어나는 갈등의 양상과 원인, 그리고 해법에 관해서는 다음을 참고하세요. 남기업, 2020,《아파트 민주주의: 슬기로운 아파트 회장 분투기》, 이상북스.

| 4장 |
우리나라 기업들이 유독 땅을 사랑하는 이유

1. 김상헌, 2004,《대한민국 강남특별시: 부와 교육 11번지 강남의 모든 것》, 위즈덤하우스, p. 253.

2. 한국의 2022년 GDP 대비 지가는 4.90배인데, 이는 호주(3.77), 오스트리아(2.18), 캐나다(2.64), 핀란드(0.85), 독일(2.01), 일본(2.32), 영국(2.98), 스웨덴(1.97)보다 2-3배 높은 수준입니다(국가별로 2019-2021년 자료, stats.oecd.org).

3. 비금융 회사의 토지순매입은 1975년에는 1,275억 원, 1980년에는 6,501억 원, 1990년에는 5조 4,824억 원, 2000년에는 8,658억 원, 2010년에는 36조 267억 원, 2019년에는 41조 2,392억 원, 2020년에는 91조 9,152억 원, 2021년에는 97조 5,108억 원으로 나타납니다(ecos.bo.or.kr).

4. 가계 및 비영리단체의 토지 순매도는 2013년 59.1조 원, 2015년 42.6조 원, 2017년 42.9조 원, 2019년 49.5조 원, 2020년 96.3조 원, 2021년 101.6조 원에 달했고, 기업은 반대로 비슷한 규모의 순매입을 보였습니다(ecos.bo.or.kr).

5. 가계가 주로 보유한 주택에 대한 보유세와 기업이 주로 보유한 영업용 빌딩의 부속 토지와 공장용지의 보유세를 비교해보면 후자의 부담이 낮다는 것을 알 수 있습니다. 영업용 빌딩의 부속 토지의 재산세와 주택의 최고세율은 0.4%로 같지만, 0.4%가 적용되는 과표가 주택은 3억 원 초과분이고 영업용 빌딩의 부속 토지는 10억 원 초과분입니다. 그뿐 아니라 기업이 보유한 공장용지는 아무리 비싸도 0.2%의 비례세를 적용합니다. 그리고 주택의 종부세는 9억 원(1주택은 12억 원) 초과분에만 부과하지만, 영업용 빌딩의 부속 토지는 80억 초과분에 부과하고 세율도 주택에 비해 낮으며, 심지어 공장용지는 종합부동산세가 부과되지도 않습니다.

6. 이진순, 2005, "부동산세제의 근본적 개혁방안", 한국조세연구원. p. 72.

7. Lincoln Institute of Land Policy & Minnesota Center for Fiscal Excellence, 2021, "50-State Property Tax Comparison Study For Tax Paid In 2020."

8. UNHABITAT, 2013, PROPERTY TAX REGIMES IN EUROPE, pp. 33.

9. 박준, 2018, "비주거용 부동산 종합부동산세 개선방안", 〈공간과 사회〉 통권 63호, pp. 282-283.

10. 개인(가계)의 경우에는 양도차익만 따로 분리해서 과세하는 데 반해, 법인의 양도소득세는 법인세에 넣어서 과세합니다. 개인의 양도소득세 기본 세율은 6%, 15%, 24%, 35%, 38%, 40%, 42%, 45%의 8개 구간으로 되어 있고, 최고세율 45%는 양도차익 10억 원 초과분에 적용됩니다. 반면 법인의 양도소득세는 10%, 20%, 22%, 25%의 4개 구간으로 되어 있고, 최고세율 25%가 적용되는 구간은 양도차익이 3천억 원 초과분입니다. 과세 체계만 보더라도 개인보다 법인이 훨씬 많은 불로소득을 누릴 수 있음을 알 수 있습니다.

11. 9.8억 원은 법인소득이 '0'인 경우의 부담액이고, 12.5억 원은 법인소득이 3천억 원 이상일 때의 양도소득세 실제 부담액입니다.

12. 흥미로운 점은 16년간(2005-2021) 기업이 보유한 토지가 9,439.9㎢ 증가했는데, 그중 분리과세 대상 토지의 증가 면적이 6,533.0㎢로 전체 증가 면적의 무려 69.2%를 차지했다는 것입니다. 분리과세 대상 토지는 보유세가 0.2%로 비례세고, 더구나 종합부동산세 대상도 아니기 때문에 더 많은 불로소득이 예상됩니다. 그런 까닭에 기업이 집중적으로 매입한 것이라고 볼 수 있습니다.

13. 〈한국경제〉, 2021.6.13, "'10조 고가매입 논란' 현대차 GBC 부지…땅값 22조로 올랐다."

14. 〈예스미디어〉, 2023.5.12, "유아인 80억 자택 매물로 내놓았다. 왜?"

15. 〈한국일보〉, 2021.11.13, "연예인들의 법인 부동산 투자 논란사."

| 5장 |

벼락거지와 벼락부자, 그리고 부동산

1. 가구 총소득을 구성하는 여러 개별 소득이 전체 소득 불평등도에 어느 정도의 기여도를 갖는지 지니계수를 분해하는 여러 가지 방법이 있는데 여기서는 러만과 이자키(Lerman & Yitzhaki, 1985)가 제안한 방법을 사용하고자 합니다. 이 방법에 따르면 특정 소득, 예를 들어 부동산 소득이면 부동산 소득이 전체 가구의 소득에

서 차지하는 비중(금액)이 클수록, 부동산 소득이 개별 가구 총소득과 상관관계가 높을수록(고소득일수록 부동산 소득도 많은 경향이 있을수록), 부동산 소득 자체의 불평등도가 클수록 부동산 소득의 불평등 기여도는 크게 나타납니다.

2. 임대소득은 우리가 일반적으로 생각하는 임대소득 이외에 '귀속 임대소득'이라는 것도 있습니다. 귀속 임대소득은 자신이 소유한 부동산을 사용하는 경우에 발생하는 부동산 소득입니다. 자신의 부동산을 사용하기 때문에 임대료를 지불하지 않지만, 만약 해당 부동산을 다른 이에게 임대했다면 얻을 수 있는 소득이 바로 귀속 임대소득입니다. 실제 임대소득뿐 아니라 귀속 임대소득을 포함해서 가구의 소득 불평등 상황을 살펴보는 이유는 그것이 가구의 실제 경제력의 차이를 더 잘 보여주기 때문입니다. 우리는 임금소득이 동일하더라도 부동산 소유 여부에 따라 경제력의 차이가 나는 현실을 경험하고 있습니다. 가령 갑과 을 두 사람의 임금소득이 동일하게 연 5,000만 원이고 모두 월세 100만 원(연간 임대가치 1,200만 원) 수준의 집에서 산다고 해보겠습니다. 그런데 '갑'은 실제로 월 100만 원짜리 월세에 살고, '을'은 집을 무상으로 취득해 거주하고 있습니다. 여기서 중요한 것은 갑과 을의 임금소득은 같지만 이들의 경제력 혹은 경제 상황은 다르다는 것입니다. 귀속 임대소득도 소득에 포함시켜야 그 현실을 제대로 포착해낼 수 있다는 얘기죠. 이렇게 보면 갑의 1년 소득은 5,000만 원이고 을은 6,200만 원이 됩니다. 이번에는 같은 가치의 건물에서 영업하고 연간 사업소득은 1억 원으로 동일한데, '갑'은 무상으로 취득한 건물에서 영업하고 '을'은 월세(연간 3,600만 원)를 얻어 영업한다고 가정해보겠습니다. 두 사람의 영업소득은 1억 원으로 같습니다. 그러나 두 사람의 경제력 혹은 경제 상황은 분명 차이가 나죠. 이것을 포착해내려면 마찬가지로 귀속 임대소득을 소득에 넣어야 합니다. 이렇게 하면 갑의 전체 소득은 부동산 소득을 포함해 1억 3,600만 원이고 을은 1억 원이 됩니다. 영업용 건물의 소유 여부가 각 경제 주체의 경제력에 영향을 준다는 것은 모두가 체감하는 '현실'입니다.

| 6장 |

부동산 투기 차단의 특효약: 보유세 강화

1. 임대료가 꾸준히 오르는 건 건물이 아니라 그 건물이 깔고 있는 땅 때문입니다. 건물 가치는 하락하지만, 땅의 가치는 시간이 지나면 오릅니다. 그리고 위치가 좋아지면 더 오르게 됩니다.

2.	1부 5장에서 다뤘듯이 임대소득에는 자기 소유 부동산을 이용하는 사람이 누리는 소득도 임대소득에 속하는데, 자기 자신에게 귀속된다는 의미에서 '귀속' 임대소득이라고 부릅니다.

3.	물론 은행 대출을 받지 않고 자기 돈으로 매입했다면 임대소득은 2,800만 원 (3000-200)이 됩니다.

4.	김수현, 2023, 《부동산과 정치: 문재인 정부의 좌절과 한국 사회의 과제》, 오월의 봄, pp. 59-60.

5.	KB금융지주경영연구소, 2022, "전세자금대출 증가에 따른 시장 변화 점검", 《KB 경영 포커스》.

6.	이 부분은 다음 연구에 의지했음을 밝힙니다. 남기업, 2012, "토지세 강화와 조세 대체 전략", 김윤상·조성찬·남기업 외, 《토지정의, 대한민국을 살린다: 한국 사회의 핵심 모순, 토지문제의 해법》, 평사리, pp. 109-115.

7.	애덤 스미스, 김수행 역, 1998, 《국부론》, 동아출판사, p. 320.

8.	D. 리카도, 정윤형 역, 1991, 《정치경제학 및 과세의 원리》, 비봉출판사, p. 246.

9.	Wenzer, Kenneth C. eds., 1999, *Land-Value Taxation: the equitable and efficient source of public finance*, M. D. Sharpe. 표지에서 재인용.

10.	조지프 스티글리츠, 이순희 역, 2013, 《불평등의 대가》, 열린책들, p. 360.

11.	이정전, 2015, 《토지경제학》, 박영사, p. 91.

12.	이런 까닭에 어떤 학자는 "토지의 공급곡선은 더 이상 수직선이 아니라 우상향하는 모양을 가진다"라고 주장합니다. 정수연, 2022.1.10, "토지이익배당제의 문제와 대안", 한반도선진화재단·국회의원 송언석 주최 토론회 발표 자료.

13.	엄밀히 말하면 2022년 현재 대한민국 전체 3,951만 개의 필지 모두 다릅니다.

14.	자세한 내용은 다음을 참고하세요. 김윤상, 2009, 《지공주의: 새로운 토지 패러다임》, 경북대학교출판부, pp. 202-204.

| 7장 |

힘들고 어려운 토지보유세 강화

1.	좀 더 자세히 설명하면, 비업무용 토지에 대해서는 일반 토지의 두 배나 되는 0.4%의 세율을, 별장에는 0.6% 이내의 세율을, 골프장에는 0.4% 이내의 세율을 부과했습니다(전강수, 2011, 86).

2. 하능식, 2015, "토지보유세 과세대상 구분체계 개편방안", 한국지방세연구원, p. 21. 물론 그렇게 해서 토지보유세 실효세율은 높아졌습니다. 그러나 1989년 민간이 보유한 전체 토지에 대한 토지보유세의 평균 실효세율은 0.02%에 지나지 않았습니다. 이는 당시 주요 선진국들인 오스트레일리아(2.54%), 네덜란드(0.58%), 덴마크(0.92%), 뉴질랜드(1.00%), 영국(1.80%), 미국(1.73%), 스웨덴(0.40%)과 비교해보면 얼마나 낮았는지 알 수 있습니다(이진순, 1995, 《經濟改革論 : 한국경제 선진화를 위한 새 경제정책 패러다임의 모색》, 비봉출판사, p. 31).

3. 좀 더 자세히 설명하면, 토지와 나대지를 종합토지세의 '종합합산대상'으로, 상가·빌딩이 깔고 있는 토지를 종합토지세의 '별도합산대상'으로 나누고 그 안에서 합산하여 부과했습니다. 또 논과 밭과 과수원, 목장용지 및 임야, 골프장 및 고급오락장용 토지를 종합토지세의 '분리과세대상'이라고 부르면서 이것은 합산도 하지 않고 물건별로 보유세를 부과했습니다. 그리고 각각 다른 세율체계를 적용했습니다(이형구·전승훈 편, 2003, "조세재정정책 50년 증언 및 정책평가", 한국조세연구원, pp. 613-614).

4. 세 부담이 상대적으로 낮은 분리과세대상 및 별도합산과세대상은 종합토지세 신설 이후 거의 매년 신설과 추가 조치를 하면서 확대되었습니다. 실제로 24년(1990-2014) 동안 분리과세대상 토지는 20회, 별도합산과세대상 토지는 14회의 신설 또는 변경되었습니다(하능식, 2015, "토지보유세 과세대상 구분체계 개편방안", 한국지방세연구원, pp. 25-26).

5. 과표적용률이란 정부가 평가한 공시가격으로부터 과표를 계산하기 위해 적용하는 비율입니다.

6. 전강수·남기업·이태경·김수현, 2008, 《부동산 신화는 없다: 투기 잡는 세금 종합부동산세》, 후마니타스, p. 30.

7. 종합부동산세는 토지와 관련해서는 종합토지세의 틀을 그대로 이어받아 세대별로 주택을 합산하고 종합합산대상 토지를 합산하고 별도합산대상 토지를 합산해서 일정 가액 이상에만 누진적으로 부과했고 세율도 강화했습니다. 그러나 종합토지세처럼 농지나 공장용지 등의 분리과세대상토지는 종합부동산세에서 제외했습니다.

8. 나아가 참여정부는 과표적용률 100%를 달성하기 위해서 법에 명문화하기까지 했습니다. 즉 정권이 바뀌더라도 시행령으로 고칠 수 없게 한 것이지요. 그리고 또하나, 공시가격 자체가 시장가격과 괴리된 문제를 해결하기 위해 공시지가의 시가반영률도 계속 끌어올렸습니다. 과표적용률과 공시지가의 시가반영률 강화는

모든 부동산을 대상으로 한 것이니 보유세 강화의 대상은 모든 부동산이 되는 것입니다.

9. 헌법재판소는 세대별 합산이 혼인한 사람들을 차별하기 때문에 위헌으로 판시했습니다. 그러나 주택 및 부동산은 금융자산과 달리 개인별로 소유하지 않고 세대가 함께 소유하는 경우가 일반적이라는 점에서 볼 때 '위헌 판시'는 이해하기 어렵습니다.

10. Vickrey, William, 2001, "Site Value Taxes and the Optimal Pricing of Public Services" In Giacalone, J. A. et al. eds., *The Path to Justice: Following in the Footsteps of Henry George*, Blackwell Publishing, p. 86.

11. 이 책이 제시하는 경제정의론은 〈부록〉 3장을 보면 됩니다.

12. 정치적 자원에 대해서는 로버트 달·이안 사피로, 김왕식·장동진·정상화·이기호 역, 1999, 《민주주의》, 동명사, p. 231쪽을 참조하세요.

13. 〈연합뉴스〉, 2021.9.16, "김의겸 '조선일보·사주 일가 부동산 시가 2조 5천억.'"

| 8장 |

토지배당제, 땅을 몰수하려는 계획?

1. 이 부분은 다음의 내용을 수정·보완했음을 밝힙니다. 남기업, 2021, 《불로소득 환수형 부동산 체제론: 부동산 공화국 탈출하기》, 개마고원, pp. 129-134.

2. 백승호·이승윤, 2018, "기본소득 논쟁 제대로 하기", 〈한국사회정책〉 제25권 제3호, 한국사회정책, p. 53.

3. 토머스 페인, 정균승 역, 2023, 《토지분배의 정의》, 프롬북스, p. 32.

4. 양재진, 2020, 《복지의 원리: 대한민국 복지를 한눈에 꿰뚫는 10가지 이야기》, 한겨레출판.

5. 존 롤스, 황경식 역, 2003, 《정의론》, 이학사, p. 196.

6. Rawls, John, 1988, "The Priority of Right and Ideas of the Good", *Philosophy and Public Affairs*, Vol. 17, p. 257.

7. 존 롤스, 위의 책, p. 49.

8. 같은 관점에서 토머스 페인도 "자연 그대로의 경작 상태에서 지구는 '인류의 공유재산the common property or the human race이었으며 앞으로도 그럴 것이라는 것은 논쟁의 여지가 있을 수 없는 분명한 사실이다"(토머스 페인, 위의 책, pp. 14-15)라고 했습니다.

9.　실제 개인이 기여해서 토지가치가 상승한 경우가 없는 것은 아닙니다. 이를 어떻게 보고 어떻게 처리하는 것이 정의로운가에 관해서는 다음을 참고하세요. 김윤상, 2005, "지공주의를 옹호하다: 자유주의자의 비판에 대한 반비판", 〈역사비평〉 제72권, pp. 140-169.

| 9장 |

토지배당제의 호위 '천사'

1.　정확히 말하면 우리가 설계한 토지배당제는 국토균형발전을 목표로 세액 전체를 지방에 분배하는 종합부동산세를 대체하기 때문에 징수한 토지보유세의 일부는 기존 방식대로 지방에 배분하는 것으로 되어 있습니다.

2.　대다수 국민은 부가가치세율이 몇 퍼센트인지 잘 모릅니다. 부가가치세가 1977년에 도입되어 지금까지 46년 동안 한결같은 세율을 유지하고 있는데도 말입니다.

3.　우리는 3주택 이상에 대해 특례세율제도를 운용하되, 평시에는 영(zero)세율을 적용하고 주택시장이 과도하게 급등하는 경우에 한해 최대 0.6%포인트의 중과세율을 추가하는 것이 가능하도록 설계했습니다. 자세한 내용은 〈부록〉 1장과 2장에 있습니다.

| 10장 |

토지배당제 설계 도면

1.　이 책에서는 과세표준을 국토교통부가 발표하는 지가인 '공시지가'를 사용하고 있습니다. 그러나 과세표준으로 더 적합한 것은 교환가치를 나타내는 지가(地價)보다 사용가치를 나타내는 지대(地代)입니다. 앞서 말했듯이 지가는 미래 발생할 지대의 합에서 보유세와 거래비용 등을 뺀 순이익의 현재가치입니다. 다시 말해서 지가는 미래를 내다보고 형성된 가격이죠. 그런데 생각해보십시오. 사람이 미래를 어떻게 알 수 있습니까. 지가의 이런 특성 때문에 같은 농지일 때 현재 사용가치인 지대는 동일해도 개발이 예정된 농지와 그렇지 않은 농지의 지가는 차이가 나는 것입니다. 그린벨트 지역의 땅이 비싼 이유도 마찬가지입니다. 현재 그린벨트로 묶인 땅의 사용가치인 지대는 매우 낮습니다. 그러나 머지않아 그린벨트

지구가 해제된다는 전망이 생기거나 그런 소문이 돌면 교환가치인 지가는 수직으로 상승합니다. 미래에 일어날 개발이 현재 가격에 반영되는 것이죠. 이렇게 지가는 불안정한 개념입니다. 지가의 이런 특성 때문에 지가를 과세표준으로 삼으면 발생하지도 않은 미래의 토지가치에 과세하는 불합리가 발생합니다. 게다가 지가는 이자율이나 보유비용의 변동에 따라 달라지게 됩니다. 또 지가는 경제 분위기에 의해서도 큰 영향을 받습니다. 그러나 현재의 사용가치를 나타내는 지대는 이자율이나 경제 분위기 혹은 투기에 전혀 영향을 받지 않습니다. 사용가치만을 나타낼 뿐입니다. 그러므로 정부는 공시지가와 별도로 공시지대를 발표하여 토지보유세의 과세표준을 당해연도의 사용가치인 지대(地代)로 변경해야 하고, 토지배당을 위한 토지보유세도 지대를 과세표준으로 하여 다시 계산해야 합니다.

2. 여기서 '평균' 토지배당액은 토지배당을 위해 부과한 토지보유세 총액에서 재산세 토지분 총액을 차감한 후 인구수로 나눈 액수를 뜻합니다.

3. 종합부동산세는 전액 지방의 기초자치단체에게 배분되는데, 토지배당 또한 이런 전통을 계승하여 과거 배분액만큼 지방정부 몫을 떼어놓습니다. 간결성을 위해 본문의 그림은 이를 생략했습니다.

4. 우리나라는 아직 아버지 명의로 부동산 소유권을 등기한 경우가 많습니다. 예를 들어 4인 가구라면, 아버지가 혜택보다 부담이 많더라도 부동산을 보유하지 않은 나머지 가족 구성원 세 명은 배당을 전액 받게 됩니다.

5. 2023년 기준 양도소득세 고가주택 실거래가 기준이 12억 원인 점을 고려했습니다.

6. 이런 제도를 "환급 가능형 세액공제"(refundable tax credit)라고 부릅니다. 우리나라에서 근로장려금과 자녀장려금이 유일하며, 과거 이명박 정부가 한시적으로 시행한 유가환급금도 여기에 해당합니다.

| 11장 |

이렇게 전환한다

1. 2021년 종부세 결정세액은 7조 2,681억 원인데, 이중 84%인 6조 1,302억 원이 2021년에 징수됐습니다. 종부세액이 많은 인원은 분할 납부가 가능하고, 노인의 경우 과세이연(나중에 소득이 발생하면 세금을 내는 제도)도 가능하기 때문에 2022년 이후에 세금이 발생하게 됩니다.

2. 물론 노무현 전 대통령이 말한 '대못'(기초자치단체 전액 배분)의 힘이 발휘되어, 즉

지방자치단체가 토지배당으로 쓰는 걸 반대하면 지방자치단체를 지원하는 행정안전부의 반대 때문에 쉽지 않을 수 있습니다.

| 12장 |
우리 가족에게 도착한 '배당고지서'

1. 세율 체계는 〈부록〉 1장을 참조하세요.
2. 토지유형별 과표 현실화 로드맵은 〈부록〉 2장을 참조하세요.

| 13장 |
토지배당제의 놀라운 효과

1. 극단적인 사건의 유형은 대중 동원 전쟁, 대유행병, 혁명, 국가 실패 등 네 가지입니다. 불평등의 대압착 사건은 자본이 파괴되는 방식, 노동자 사망으로 인해 노동의 실질임금이 증가하는 방식, 재산권이 대거 이동하는 방식, 국가가 국민의 재산권을 보증하지 못하는 방식 등을 통해 잔인하고 고통스럽게 이루어진다고 합니다.
2. 발터 샤이델은, 한국의 토지 소유 지니계수는 1945년 0.72-0.73에서 1960년대 0.30 중반대까지 감소했고, 1960년대의 추정치는 0.2-0.55로 범위가 넓으나 0.34, 0.38, 0.39 등이 많았다고 서술합니다. 한편 앞서 2장에서 다뤘듯이 2022년 현재 토지 소유 지니계수는 가액으로는 0.810, 면적으로는 0.916으로 1945년보다 훨씬 높게 나타났습니다. 발터 샤이델, 조미현 역, 2017, 《불평등의 역사》, 에코리브르, pp. 460-461.
3. 토머스 페인, 정균승 역, 2023, 《토지분배의 정의》, 프롬북스, p. 88.
4. 이를 주식 가격의 배당 모형이라고 합니다. 매년 일정 비율로 배당금액이 증가한다고 가정하면, 현재 시점의 주식 가격은 "배당금액/(기대수익률-배당증가율)"이 됩니다. 예를 들어 현재 배당금액이 1만 원이고 기대수익률이 4%, 배당증가율이 2%면, 주식가격은 50만 원으로 평가할 수 있습니다.
5. 전문 용어로 '조세의 자본화 효과'라고 합니다.

14장

토지배당제와 동행할 부동산 정책

1. 이 부분은 다음을 크게 의지했음을 밝힙니다. 남기업, 2021, 《불로소득 환수형 부동산체제론: 부동산 공화국 탈출하기》, 개마고원, pp. 147-210.

2. 경실련, 2023.3.14, "윤석열 정부 대통령비서실 고위공직자 37명 보유 재산 분석발표."

3. 〈매일경제〉, 2021.4.12, "고위공직자 398명 재테크, '강남 3구 마용성'…금천·강북구는 한 채도 없다."

4. 〈한겨레〉, 2020.8.6, "경실련 '부동산 정책 관련 고위공직자 36%가 다주택자.'"

5. 〈뉴스타파〉, 2023.7.26, "김건희 여사 일가의 양평군 땅 감정 평가액은 125억 원."

6. 〈국민뉴스〉, 2021.10.7, "1800배 폭등, 김기현 맹지로 'KTX울산 노선'이 왜 휘어져 관통했나?"

7. 〈경향신문〉, 2021.4.5, "도로 예정 부지 부인 땅 팔겠다…전남 광양시장 '뒤늦은 기부' 선언."

8. 제23조 ③"공공 필요에 의한 재산권의 수용·사용 또는 제한 및 그에 대한 보상은 법률로써 하되, 정당한 보상을 지급하여야 한다."

9. 원론적으로 토지가격은 미래에 발생할 지대(land rent) 중에서 개인이 누릴 수 있는 부분을 합한 가격입니다. 그런데 토지 임대료인 지대를 공공이 매년 환수하면 토지를 통해 개인이 누릴 수 있는 부분이 없기 때문에 땅값은 제로가 되고 투기는 불가능하게 됩니다.

10. 주택가격이 일정하게 유지될 수 있는 이유는 징수하지 않은 임대료가 자본화되어 건물가치 하락을 막아주기 때문입니다.

11. 소득분위를 10분위로 나누는데, 이때 1분위는 소득이 가장 낮은 분위고 10분위가 가장 소득이 높은 분위입니다. 1-4분위는 저소득층, 5-8분위는 중소득층, 9-10분위는 고소득층으로 분류합니다.

12. 현재 20년 이상 장기공공임대주택 종류에는 영구임대주택, 50년임대주택, 국민임대주택, 행복주택, 매입임대주택, 장기전세주택이 있습니다.

13. 정부가 정의하는 공공임대주택은 2021년 현재 176만 호로 전체 주택의 8.1%지만, 20년 이상 장기공공임대주택은 111만 호로 5%가 약간 넘는 수준입니다.

14. 우리나라의 2019년 기준 GDP 대비 주거비 지원 비중은 0.07%인데, 이는 주요 선진국의 0.33%와 비교할 때 OECD 평균 예산의 1/4에도 못 미치는 수준이고, 전체

가구 중 수급 가구 비중도 OECD 평균이 약 10% 수준이나 우리나라는 4.8%에 머무르는 실정입니다. 자세한 내용은 다음을 참고하세요. 김용창, 2022, "구조적 자산 불평등 시대 주거복지 체제 전환 전략", 〈지리학논총〉 제68호, p. 51: 57.

15. 전세가와 매매가의 차이를 흔히 '갭'(gap)이라고 하고, 이것을 이용한 투기를 '갭 투기'라고 합니다.

16. 현재 은행이 개인에게 대출 규모를 결정할 때 가장 많이 쓰는 것이 DSR(Debt Service Ratio), 즉 총부채원리금상환비율입니다. 짧게 설명하면 DSR은 연소득에서 금융 총부채 원리금이 차지하는 비율을 나타내는 것인데요. 예를 들어 DSR이 40%면 연소득에서 40%까지 총부채 원리금을 상환하는 데 쓸 수 있다는 것입니다. 그런데 부채에 전세금도 포함시키면 어떻게 될까요? 임대인과 임차인의 DSR이 올라갑니다. 임대인도 임차인도 은행에서 대출받기 더 어려워집니다. 결과적으로 전세대출의 규모가 더 줄어들 수밖에 없습니다.

| 15장 |
유럽 복지국가와 다른 새로운 길

1. 김찬휘, 2022, 《기본소득 101》, 스리체어스, p. 85.

2. 위의 책, p. 45.

3. 위의 책, p, 46.

4. 이란의 기본소득 사례는 다음을 참조했습니다. 김찬휘, 위의 책.

5. 샘 알트만의 제안은 다음 주소의 내용에 의지했음을 밝힙니다. https://moores. samaltman.com

6. 이와 관련해 1980년대 미국 펜실베이니아주 해리스버그시에서 실시한 차별세율 정책(two-rate tax), 즉 토지보유세를 올리고 건물보유세를 내리는 정책 실시의 결과는 시사하는 바가 큽니다. 이 정책은 경제 활성화는 물론 환경 보존에도 큰 도움이 되었는데, 이에 대해서 당시 해리스버그의 시장이었던 스테판 리드(Stephen R. Reed)는 다음과 같이 고백합니다.

"많은 주 정부들은 민간으로부터 개발권을 사들임으로써 농지를 보존하려 노력합니다. 그러나 그것은 돈이 많이 드는 방법이죠. 우리는 돈을 한 푼도 들이지 않고도 농지를 보존할 수 있습니다. 그것은 바로 재산세에서 건물과 토지에 차별적 세율을 적용하는 것입니다. 도시 내에 이용되지 않는 토지가 있기 때문에 주변의 농지와 녹지가 개발에 잠식당하는 것입니다. 차별적 세율 정책은 도시 내에서 이용되지 않고 있는 토지의 이용을 촉진함으로써 주변의 농지를 보존합니다"(전강수·한동근, 2000, 《토지를 중심으로 본 경제 이야기》, CUP, p. 132).

7. 로버트 안델슨·제임스 도오시, 전강수 역, 2009, 《희년의 경제학: 땅 없는 사람들의 희망》, 대한기독교서회, p. 182.

8. 류보선, 2021, "서론: '푸른 하늘'과 '게으를 권리' 혹은 기본소득의 두 좌표", 기본소득한국네트워크, 《기본소득이 있는 복지국가》, 박종철출판사, p. 30.

| 16장 |

토지배당제는 실현 가능한 대안!

1. "토지 독점이 유일한 독점이 아니라는 것은 분명한 사실이다. 그러나 그것은 단연코 최대의 독점이며, 영구적인 독점이다. 토지 독점은 다른 모든 독점의 어머니이다"(프레드 해리슨, 전강수·남기업 역, 2009, p. 258).

2. 이것을 제안한 책으로 다음을 추천합니다. 기본소득한국네트워크, 2021, 《기본소득이 있는 복지국가》, 박종철출판사.

| 부록 |

1. 기존 분배정의론에 대한 비판은 다음을 참고하세요. 남기업(2022, pp. 12-25).

2. 그런데 계약 상황을 전제하는 것에 관해서, 다시 말해 합리적 개인을 출발로 한 자유주의적 방식으로 분배정의론을 구성하는 것에 대해서 '방법론적 개인주의'라는 비판이 있을 수 있어서 이에 대해 설명한다. 순수 학문적 관점에서 방법론적 개인주의가 가지는 본질적 문제는 사회적 존재인 인간을 사회에 선행하는 존재로 상정한다는 것이다. 그러나 인간이 아무리 사회적 존재라고 하더라도 인간 개개인의 존엄은 누구도 침해하면 안 된다는 것에 동의한다면 개인의 존엄에 가장 큰 영향을 미치는 경제적 부와 소득에 관한 분배정의론은 개인을 논의의 출발로 삼을 수밖에 없다. 정작 방법론적 개인주의가 비판받는 까닭은 따로 있다. 그것은 신고전주의로 불리는 주류 경제학 때문이다. 개인을 기본 단위로 이론을 구성하는 주류 경제학은 불평등에 무관심할 뿐 아니라 불평등을 개선하려는 시도에 반대하

는 경향까지 보인다. 요컨대 방법론적 개인주의 자체가 문제가 아니라 그동안 방법론적 개인주의에 입각한 학문적 경향과 그것이 가지는 사회적 함의에 문제 혹은 반감이 있었다는 것이다. 이런 관점에서 우리가 제시하는 분배정의론은 기존의 방법론적 개인주의가 가지는 부정적인 면을 극복하는 데 도움이 될 것이다.

3. 그렇다고 해서 마르크스가 토지를 다루지 않은 것은 아니다. 하지만 그의 토지 이론은 《자본론》 3권의 잉여가치가 분배되는 곳에서만, 그리고 시초축적의 과정에서만 등장하고 마르크스 경제학의 정수(精髓)가 담겨 있는 《자본론》 1권의 상품분석과 절대적·상대적 잉여가치 생산에서는 등장하지 않는다. 그의 이론에서 가장 중요한 위치를 점하고 있는 잉여가치의 생산 과정에서 토지는 자본과 같은 범주로 묶여서 '불변자본'으로 등장한다.

4. 그러나 이 충분단서는 토지가 가지는 '비동질성'(非同質性)이라는 특성을 생각해보면 처음부터 충족되기 어려운 조건임을 알 수 있다. 인간이 만들어낸 상품은 어디에 있으나 가치가 동일하지만, 토지의 가치는 위치가 어디냐에 따라 다르다. 흔히 로크의 충분단서는 인구가 토지에 비해 희소한 자연 상태에서는 가능하다고 주장하는데, 토지의 특성을 생각해볼 때 이런 주장은 잘못된 것이다. 같은 노동을 해도 어디에서 일하느냐에 따라 결과가 달라진다. 이런 이유로 로크는 공유물인 토지를 개간이나 노동을 통해 보다 많은 생산을 하면 토지는 사유화될 수 있고 충분단서는 충족될 수 있다는 논리로 나아가고 있는데, 당시뿐만 아니라 오늘날에도 사적 소유의 대상이 된 토지의 이용 실태를 보면 잘못된 논리 전개다. 로크의 논리에는 토지가 모두 사유화된 이후 더 이상 사유화할 토지가 없을 때 비(非)지주계층에게 어떤 일이 일어날지에 대한 고려가 전혀 없다. 다만 그는 토지를 사유화했을 때가 공유 상태로 남아 있을 때보다 훨씬 생산성이 높고 그 결과를 많은 사람이 향유할 수 있다고 할 뿐이다.

5. 노직이 주류 경제학에 영향을 받았는데도 불구하고 천연물을 독자적으로 다루는 이유는 로크의 사상적 계보를 잇기 때문일 것이다.

6. 드워킨의 저서 *Sovereign Virtue*를 《자유주의적 평등》(한길사, 2005)으로 번역·출간한 염수균은 자원의 평등을 논하면서 토지를 평등하게 분배하는 것은 가능하지만 토지는 위치에 따라서 그 질이 다르기 때문에 똑같이 나누는 일이 지극히 어렵고, 그렇게 분배하는 것은 사람들이 원하는 것이 아니라고 말한다(Dworkin, 2009, 17). 그러나 이것은 토지분배 방식에 대한 이해 부족 때문에 나온 잘못된 의견이다.

7. 드워킨은 본인의 자발적 선택으로 발생한 불평등은 본인의 책임이지만, 선택에 의하지 않은, 다시 말해서 불운 때문에 발생한 불평등은 본인 책임이 아니므로 보

상을 받아야 한다고 주장하는데, 전자를 '소망에 민감한 분배'라고 부르고 후자를 '여건에 둔감한 분배'라고 부른다(Dworkin, 2009, 448).

8.   물론 국가 차원에서 특정 산업을 육성하고 보호하기 위해 경쟁을 제한할 수도 있다. 그러나 이런 경우에는 경쟁 제한으로 발생하는 지대를 공적으로 환수하는 시스템을 만들어야 한다.

9.   예를 들어 처음엔 모두가 똑같은 노동능력과 자본을 가지고 경쟁에 참여했다고 가정해보자. 여기까지는 교정의 원칙이 불필요하다. 취득 시 타인에게 해를 주지 않았기 때문이다. 그러나 첫 번째 경쟁에서 승자는 더 많은 몫을 차지하게 되는데, 문제는 그 승자가 다음 단계의 경쟁에서 다른 경쟁자보다 더 많은 노동능력과 자본을 갖고 경쟁에 참여하게 된다는 점이다. 다른 조건이 똑같다면 자본을 더 많이 가진 사람이 경쟁력을 갖게 되고, 이렇게 되면 경쟁의 결과에 영향을 미치게 되며, 이것은 경쟁을 반복하면 할수록 더욱 강화된다. 다시 말해서 취득의 원칙을 위반하게 된다는 것이다(장하성, 2014, 433~436).

10. 흥미로운 점은 시장의 탁월성을 논증한 이론인 '일반균형이론'(theory of general equilibrium)의 창시자 왈라스(Léon Walras)가 천연물의 대표인 토지에 대해 기본권을 모두가 평등하게 누리는 것이 독점이 없는 자유시장 확립에 크게 기여한다고 주장했다는 것이다. 왈라스는 "토지는 모든 인간에게 공동으로 속한다. 모든 이성적이고 자유로운 인간은 자기 목적을 스스로 추구하고 자기 운명을 스스로 성취할 같은 권리와 의무를 가지며, 이 추구와 이 성취에 대한 같은 자격으로 책임을 지기 때문이다. 여기서 우리 모두는 노력을 기울이도록 자연이 우리에게 제공하는 자원들을 똑같이 이용할 수 있다는 취지의 조건의 평등 원리가 적용된다"(Walras, 2020, 334)고 할 정도로 토지는 공동의 자산이라는 철학에 기반해 자유시장을 주장했다. 다시 말해서 왈라스의 일반균형이론은 토지에 대한 동등한 기본권 보장의 한 방안인 "토지 국유화 계획이라는 단서 조항을 달고" 있다는 것이다(Schumpeter, 2013, 399).

| 참고문헌 |

김수현, 2023, 《부동산과 정치: 문재인 정부의 좌절과 한국 사회의 과제》, 오월의봄.

김용창, 2022, "구조적 자산불평등 시대 주거복지 체제 전환 전략", 〈지리학논총〉 제68
    호, pp. 39-59.

김윤상, 2005, "지공주의를 옹호하다: 자유주의자의 비판에 대한 반비판", 〈역사비평〉
    72: 140-169.

———, 2009, 《지공주의: 새로운 토지 패러다임》, 경북대학교출판부.

김윤상·남기업, 2012, "토지는 왜 중요한가?", 김윤상·조성찬·남기업 외, 《토지정의, 대
    한민국을 살린다: 한국 사회의 핵심 모순, 토지문제의 해법》, 평사리, pp. 21-42.

김찬휘, 2022, 《기본소득 101》, 스리체어스.

남기업, 2012, "토지세 강화와 조세대체 전략", 김윤상·조성찬·남기업 외, 《토지정의, 대
    한민국을 살린다: 한국 사회의 핵심 모순, 토지문제의 해법》, 평사리, pp. 107-134.

———, 2020, 《아파트 민주주의: 슬기로운 아파트 회장 분투기》, 이상북스.

———, 2021, 《불로소득 환수형 부동산 체제론: 부동산 공화국 탈출하기》, 개마고원.

———, 2023, "2020-2021년 부동산 불로소득 추산", 〈토지+자유 리포트〉 24호.

남기업·전강수·강남훈·이진수, 2017, "부동산과 불평등 그리고 국토보유세", 〈사회경제
    평론〉 제54호, pp. 107-140.

로버트 달·이안 샤피로, 김왕식·장동진·정상화·이기호 역, 1999, 《민주주의》, 동명사.

로버트 안델슨·제임스 도오시, 전강수 역, 2009, 《희년의 경제학: 땅 없는 사람들의 희
    망》, 대한기독교서회.

류보선, 2021, "서론: '푸른 하늘'과 '게으를 권리' 혹은 기본소득의 두 좌표", 기본소득한
    국네트워크, 《기본소득이 있는 복지국가》, 박종철출판사, pp. 13-32.

박준, 2018, "비주거용 부동산 종합부동산세 개선방안", 〈공간과 사회〉 제63호, pp. 267-
    299.

발터 샤이델, 조미현 역, 2017,《불평등의 역사》, 에코리브르.

백승호·이승윤, 2018, "기본소득 논쟁 제대로 하기", 〈한국사회정책〉 제25권 제3호, pp. 37-71.

애덤 스미스, 김수행 역, 1998,《국부론》, 동아출판사.

양재진, 2020,《복지의 원리: 대한민국 복지를 한눈에 꿰뚫는 10가지 이야기》, 한겨레출판.

오지윤·조덕상, 2019, "토지구매의 거시경제적 함의: 법인의 토지 순구매에 대한 연구", KDI(한국개발연구원) 연구보고서 2019-11.

이정전, 2015,《토지경제학》, 박영사.

이진수, 2018, "주요 국가별 토지가격 장기 추이 비교", 김윤상 외,《헨리 조지와 지대개혁》, 경북대학교출판부, pp. 161-176.

――――, 2021, "OECD 주요국의 부동산 가격 및 보유세 추이", 〈토지+자유 리포트〉 19호.

이진순, 1995,《經濟改革論: 한국경제의 선진화를 위한 새 정책 패러다임의 모색》, 비봉출판사.

――――, 2005, "부동산세제의 근본적 개혁방안", 한국조세연구원.

이형구·전승훈 편, 2003, "조세재정정책 50년 증언 및 정책평가", 한국조세연구원.

전강수, 2011, "공공성의 관점에서 본 한국 토지보유세의 역사와 의미", 〈역사비평〉 제94호, pp. 68-103.

전강수·강남훈, 2017, "기본소득과 국토보유세", 〈역사비평〉 제120호, pp. 250-281.

전강수·남기업·이태경·김수현, 2008,《부동산 신화는 없다: 투기 잡는 세금 종합부동산세》, 후마니타스.

전강수·한동근, 2000,《토지를 중심으로 본 경제 이야기》, CUP.

정수연, 2022.1.10, "토지이익배당제의 문제와 대안", 한반도선진화재단·국회의원 송언석 주최 토론회 발표자료.

조지프 스티글리츠, 이순희 역, 2013,《불평등의 대가》, 열린책들.

토마 피케티, 장경덕 외 역, 2014,《21세기 자본》, 글항아리.

토머스 페인, 정균승 역, 2023,《토지분배의 정의》, 프롬북스.

프레드 해리슨, 전강수·남기업 역, 2009,《부동산 권력: 투기와 거품 붕괴의 경제학》, 범우사.

헨리 조지, 전강수 역, 2013,《사회문제의 경제학》, 돌베개.

D. 리카도, 정윤형 역, 1991,《정치경제학 및 과세의 원리》, 비봉출판사.

J. M. 케인즈, 조순 역, 1997,《고용, 이자 및 화폐의 일반이론》, 비봉출판사.

KB 금융지주경영연구소, 2022, "전세자금대출 증가에 따른 시장 변화 점검",〈KB 경영 포커스〉.

경실련, 2023.3.14, "윤석열 정부 대통령비서실 고위공직자 37명 보유 재산 분석발표."

〈경향신문〉, 2021.4.5, "도로 예정 부지 부인 땅 팔겠다…전남 광양시장 '뒤늦은 기부' 선언."

국가통계포털(kosis.kr)

〈국민뉴스〉, 2021.10.7, "1800배 폭등, 김기현 맹지로 'KTX울산 노선'이 왜 휘어져 관통했나?"

〈국민일보〉, 2021.1.1, "부동산이 왜? '불로소득 아냐' 국민들 생각 달라졌다."

국토교통부 통계누리(stat.molit.go.kr).

국토교통부, 2021, "만분위별, 소유구분별 토지소유현황", 미공개자료.

〈뉴스타파〉, 2023.7.26, "김건희 여사 일가의 양평군 땅 감정 평가액은 125억 원."

〈매일경제〉, 2021.4.12, "고위공직자 398명 재테크, '강남3구 마용성'…금천·강북구는 한 채도 없다."

〈문화일보〉, 2007.5.9, "'2000억 금싸라기땅' 놀고 있는 사연, 여의도 중심가 5008평 30년째 방치."

〈미디어펜〉, 2021.10. 6, "양이원영 '김기현 울산 땅 1800배 폭등, 600억 이득'"

박정호, 2020.11.18, "17세기 선비의 외침 '나라가 왜 이 모양인가'",〈중앙일보〉.

〈신동아〉, 2012.12.26, "미국 독립 이끈 작지만 힘찬 외침."

〈아파트관리신문〉, 2021.7.7, "관리소장 살해 입대의 회장 '징역 17년→20년' 형량 가중."

〈연합뉴스〉, 2021.9.16, "김의겸 '조선일보·사주 일가 부동산 시가 2조 5천억.'"

────, 2020.11.3, "드디어 나온 공시가 현실화 로드맵…숱한 논란 잠재울 수 있을까."

〈예스 미디어〉, 2023.5.12, "유아인 80억 자택 매물로 내놓았다. 왜?"

〈프레시안〉, 2018.6.3, "캐나다 두 번 살 수 있는 한국 땅값, 해법은?"

〈한겨레〉, 2020. 8. 6, "경실련 '부동산 정책 관련 고위공직자 36%가 다주택자.'"

〈한국경제〉, 2021.6.13, "'10조 고가매입 논란' 현대차 GBC 부지…땅값 22조로 올랐다."

〈한국일보〉, 2021.11.13, "연예인들의 법인 부동산 투자 논란사."

한국은행 경제통계시스템(ecos.bok.or.kr)

stats.oecd.org

Harrison, Fred, 1991, "Post-socialism and the Single Tax: a holistic philosophy", In Richard Noyes ed., *Now the Synthesis*, Shepherd-Walwyn, 1991.

Lincoln Institute of Land Policy&Minnesota Center for Fiscal Excellence, 2021, "50-State Property Tax Comparison Study For Tax Paid In 2020."

Otsuka, Michael, 1998, "Self-Ownership and Equality: A Lockean Reconciliation", Vol. 27, pp. 65-92.

Rawls, John, 1988, "The Priority of Right and Ideas of the Good" *Philosophy and Public Affairs* Vol. 17. pp. 251-276.

Ranalli, Brent, 2021, *Common Wealth Dividends: History and Theory*, Palgrave macmillan.

Steiner, Hillel, 1994, *An Essay on Rights*, Blackwell Publishers.

UNHABITAT, 2013, PROPERTY TAX REGIMES IN EUROPE.

Vallentyne, Peter, 2001, "Left-Libertarianism? A Prime", Peter Vallentyne ed., *Left-Libertarianism and Its Critics*, Palgrave macmillan.

Vickrey, William, 2001, "Site Value Taxes and the Optimal Pricing of Public Services" In Giacalone, J. A. et al. eds., *The Path to Justice: Following in the Footsteps of Henry George*, Blackwell Publishing, pp. 85-96.

Wenzer, Kenneth C. eds., 1999, *Land-Value Taxation: the equitable and efficient source of public finance*, M. D. Sharpe.

〈부록〉 3장 참고문헌

김동춘, 2022,《시험능력주의》, 창비.

김상봉, 2012,《기업은 누구의 것인가: 철학 자본주의를 뒤집다》, 꾸리에.

김윤상, 2009,《지공주의: 새로운 토지 패러다임》, 경북대학교출판부.

김종철, 2016, "회사(corporation)의 본질: 정치학적 해석", 〈국제정치논총〉 Vol 56, No, 2, pp. 79-115.

남기업, 2014, "롤스의 정의론을 통한 지대기본소득 정당화 연구", 〈공간과 사회〉 제24권 1호, pp. 113-141.

_____, 2021, 《불로소득 환수형 부동산체제론: 부동산 공화국 탈출하기》, 개마고원.

_____, 2022, "새로운 분재 정의론 구상", 〈토지+자유 연구〉, 제18호.

로버트 노직, 남경희 역, 1997, 《아나키에서 유토피아로》, 문학과지성사.

민경국, 2007, "롤스와 하이에크: 서민층과 자유주의", 〈철학과 현실〉 제73호, pp. 119-132.

박순성, 1998, "사회정의와 정치경제학: 맑스, 롤스, 센", 〈사회경제평론〉 제11권, pp. 93-118.

이정전, 1995, 《토지경제론》, 박영사.

윌 킴리카, 장동진 외 역, 2008, 《현대 정치철학의 이해》, 동명사.

장동민, 2009, "롤즈 정의론과 한국사회", 황경식·박정순 외, 《롤스의 정의론과 그 이후》, 2009, pp. 404-426.

장하성, 2014, 《한국 자본주의: 경제민주화를 넘어 정의로운 경제로》, 헤이북스.

전강수, 2012, 《토지의 경제학: 경제학자도 모르는 부동산의 비밀》, 돌베개

정태석, 2022, "능력주의의 공정의 딜레마: 경합하는 가치판단 기준들", 〈경제와 사회〉 통권 제132호, pp. 12-46.

조지프 슘페터, 김균 외 역, 2013, 《경제분석의 역사 3》, 한길사.

조지프 스티글리츠, 이순희 역, 2013, 《불평등의 대가》, 열린책들.

존 롤스, 김주휘 역, 2016, 《공정으로서의 정의: 재서술》, 이학사.

_____, 황경식 역, 2003, 《정의론》, 이학사,

토마 피케티, 안준범 역, 2020, 《자본과 이데올로기》, 문학동네.

_____, 장경덕 역, 2014, 《21세기 자본》, 글항아리.

E. K. 헌트, 김성구·김양화 역, 1983, 《경제사상사 Ⅱ》, 풀빛.

J. M. 케인즈, 조순 역, 1997, 《고용, 이자 및 화폐의 일반이론》, 비봉출판사.

Gaffney, Mason, 1994, "Neo-classical Economics as a Stratagem against Henry

George", In Gaffney, Mason & Fred Harrison, *The Corruption of Economics*, Shepherd Walwyn, pp. 29-163

Henry, John F, 1995, *John Bates Clark: The Making of a Neoclassical Economist*, Macmillan Press Ltd.

Otsuka, Michael, 1998, "Self-Ownership and Equality: A Lockean Reconciliation", *Philosophy and Public Affairs* Vol. 27, pp. 65-92.

Steiner, Hillel, 1994, *An Essay on Rights*, Blackwell Publishers.

——————, 2016, "Compensation for liberty lost: Left libertarianism and uncon-ditional basic income", *Juncture* 22(4).

Stiglitz, J. E., 2017, Wealth and Income Inequality in the Twenty-first Century, Paper Prepared for Presentation at the 18th World Congress of the International Economic Association, Mexico City, June 19 – 23.

Tideman, Nicolaus and Plassmann, Florenz, 2004, "Knight: Nemesis from the Chica-go School", *American Journal of Economics and Sociology* Vol. 63, No. 2, pp. 381-409.

Vallentyne, Peter, 2001, "Left-Libertarianism: A Prime", In Peter Vallentyne ed., *Left-Libertarianism and Its Critics*, Palgrave macmillan.

참고문헌